融資担当者の
キャリアアップのための
融資審査演習教本

石原泰弘 編著

銀行研修社

はしがき

　平成20年9月に発生したリーマン・ショック以降、世界的に同時進行した景気後退をうけて先進国は相次いで景気浮揚策を実施してきたが、各国経済の回復はいまだ力強さに欠け、財政赤字の拡大や高水準の失業率など先行きには多くの懸念材料を抱えている。わが国でも赤字国債の累積や内需不振、雇用問題等に起因した長期デフレの克服が喫緊の課題となっているなかで、中堅・中小企業では経営悪化先が増加、資金需要も萎縮した状態が続いている。

　このようにわが国企業をとりまく内外の経済環境は依然として厳しい現状にあるが、アジアをはじめとする新興国が経済成長を持続していることもあって、ここにきて環境・エネルギー、技術開発、アジアへの進出等新たな成長分野への投資や起業の動きが活発化する兆しが見られるなど、前向き資金需要の発生も期待できる情勢になってきた。

　そこで本書では、金融機関の営業店において融資業務の中核を担っている中堅融資担当者・融資課長クラスを主な対象に、金融機関に申し込まれた近年の融資案件のなかから前向き資金だけでなく後向き資金や企業再生案件など幅広い事例に基づき融資審査全体の進め方について具体的かつ実戦的に解説し、融資担当者に求められている今日的な融資審査能力の一段の向上に資することを目的とした。構成内容は、序章において最近その重要性が再認識されている企業活動の実態把握（定性分析）の進め方および融資審査の基本である所要資金の算出と返済資源分析の手法を解説したのち、事例研究として、事例1製造業の増加運転資金、事例2卸売業の滞貨資金、事例3建設業の赤字資金、事例4製造業の設備資金、事例5サービス業の改装資金の5例について、融資申込の受付段階から総合判断まで、審査業務の流れに沿ってそれぞれ詳細に例示した。特に随所に挿入した申込案件に係る取引先の社長と行員との会話（ヒアリング）は、実際の融資現場における交渉場面でも十分応用してもらえると思われる。

　金融機関の第一線で日頃奮闘しておられる読者には本書を大いに活用してもらい、審査能力の一層のアップと融資業務のさらなる推進にいささかでもお役に立つことができれば幸いである。

平成22年6月

石原　泰弘

目　次

序　融資案件審査の要点

第1節　企業活動の実態把握 …………………………………10
 1　金融機関における信用調査 ……………………………10
  (1) 信用調査の必要性 …………………………………10
  (2) 定量分析と定性分析 ………………………………10
 2　定性分析の主要ポイント ………………………………10
  (1) 企業の外部要因 ……………………………………10
  (2) 企業の内部要因 ……………………………………11
  (3) 定性的情報の入手と分析の進め方 ………………12
  (4) ビジネスモデル ……………………………………12

第2節　所要資金の算出と返済資源分析 …………………13
 1　運転資金の発生要因 ……………………………………13
  (1) 経営活動における資金の循環 ……………………13
  (2) 資金不足発生と運転資金 …………………………13
 2　各種運転資金の捉え方と返済資源 ……………………13
  (1) 経常運転資金 ………………………………………13
  (2) 増加運転資金 ………………………………………15
  (3) 季節資金 ……………………………………………16
  (4) 在庫資金 ……………………………………………17
  (5) 決算資金 ……………………………………………18
  (6) 減産資金 ……………………………………………19
  (7) 滞貨資金 ……………………………………………20
  (8) 赤字資金 ……………………………………………22
  (9) つなぎ資金 …………………………………………23

第3節　設備資金の妥当性判断と償還財源分析 …………25
 1　設備資金需要とその形態 ………………………………25
  (1) 機能別分類…設備の機能に着目した分類 ………25
  (2) 目的別分類…投資目的に着目した分類 …………25
 2　投資効果の測定法 ………………………………………26

		(1) 投資利益率法 ································· 26
		(2) 投下資金回収期間法 ·························· 26
		(3) 損益分岐点法 ································· 27
	3	損益分岐点分析 ······································ 27
		(1) 損益分岐点の基本公式 ······················· 27
		(2) 損益分岐点を用いた設備投資効果の判定 ········· 28
		(3) 費用の分解法 ································· 29
	4	設備資金の償還財源 ································· 29
	5	設備投資に伴う増加運転資金の発生と妥当性の判断 ······· 30
		(1) 設備投資に伴う増加運転資金の発生 ············ 30
		(2) 増加運転資金の妥当性の判定 ·················· 30

事例1　製造業　増加運転資金
－自動車部品メーカーS社の分析－

第1節	申込内容と経緯 ······································ 32
1	借入申込の要旨 ······································ 32
2	申込内容と経緯 ······································ 32
	(1) 借入内容 ·· 32
	(2) 借入申込時における社長とのヒアリング内容 ········· 33
3	会社の概要 ·· 35
	(1) S社の概要 ····································· 35
	(2) 財務諸表とその他の資料 ······················· 35

第2節	与信判断 ·· 46
1	業界動向と当該企業の位置づけ ······················ 46
2	財務・資金分析による企業内容の検討 ················ 47
	(1) 収益性分析 ····································· 47
	(2) 健全性分析 ····································· 48
	(3) 成長性分析（指数分析） ······················· 49
	(4) 損益分岐点分析 ································· 50
	(5) 付加価値分析（生産性分析） ·················· 51
	(6) 資金分析 ······································· 52
3	23期の利益計画 ······································ 55
4	予想損益計算書の作成 ······························· 57
5	増加運転資金の算定の根拠 ··························· 57

		(1) 実績回転期間(22期)の算出 ……………………………57
		(2) 予想勘定科目残高(23期)の算出 …………………………60
		(3) 増加運転資金の算出 ………………………………………60
		(4) 増加運転資金の妥当性 ……………………………………61
	6	23期予想貸借対照表の作成 ………………………………………61
	7	予想資金運用表・予想資金移動表の作成 ………………………63
		(1) 予想資金運用表の作成 ……………………………………63
		(2) 予想資金移動表の作成 ……………………………………65
	8	その他の検討事項 …………………………………………………67
	9	企業の資質と将来性評価 …………………………………………68
		(1) 経営ビジョン ………………………………………………68
		(2) 内部・外部環境分析 ………………………………………68
		(3) 基本戦略 ……………………………………………………69
		(4) 経営陣 ………………………………………………………69
		(5) 企業評価と将来性 …………………………………………70
	10	総合判断 ……………………………………………………………71

事例2　卸売業　滞貨資金
－日用雑貨卸業者Ｂ社の分析－

第1節	申込内容と経緯 …………………………………………………74
1	借入申込の要旨 ……………………………………………………74
2	申込内容と経緯 ……………………………………………………74
3	会社の概要 …………………………………………………………75
4	財務諸表とその他の資料 …………………………………………76

第2節	業界動向 …………………………………………………………89
1	卸売業の現状 ………………………………………………………89
2	業界の特徴 …………………………………………………………90
3	需要の落ち込みの背景 ……………………………………………90
4	日用雑貨卸売業の現状と動向 ……………………………………91
	(1) 日用雑貨卸売業の現状 ……………………………………91
	(2) 日用雑貨卸売業の動向 ……………………………………91
	(3) 日用雑貨卸売業の問題点と今後の課題 …………………92

第3節	与信判断 …………………………………………………………93
1	第53期財務諸表の分析 ……………………………………………93

		(1) 経営指標 ……………………………………… 93
		(2) 資金の運用・調達状況 ………………………… 94
	2	第54期計画の検証 ………………………………… 96
		(1) 経営収支およびキャッシュフローの状況 ……… 96
		(2) 資金繰り計画について ………………………… 97
		(3) 運転資金回転期間の変動状況 ………………… 97
		(4) B訪問と社長ヒアリング ……………………… 98
	3	第54期修正計画の検証 ………………………… 102
		(1) 調査結果の確認作業 ………………………… 103
		(2) 経営収支およびキャッシュフローの検証 …… 104
		(3) 資金繰表（計画修正後）の検証 …………… 104
		(4) 資金の運用・調達状況の検証 ……………… 105
		(5) 経営指標の変化 ……………………………… 107
		(6) 滞貨資金について …………………………… 107
		(7) 企業資質と将来性評価 ……………………… 109
		(8) 経営者の資質 ………………………………… 110
	4	総合判断 ………………………………………… 111

事例3　建設業　赤字資金
－建設工事業K社の分析－

第1節　申込内容と経緯 ………………………………… 114
1　借入申込の要旨 …………………………………… 114
2　申込内容と経緯 …………………………………… 115
3　会社の概要 ………………………………………… 116
　(1) 会社の概要 …………………………………… 116
　(2) 財務諸表とその他の資料 …………………… 117

第2節　業界事情と審査のポイント ……………………… 126
1　業界の規模 ………………………………………… 126
2　市場の状況 ………………………………………… 126
3　今後の展望 ………………………………………… 127
4　業界知識としての留意点 ………………………… 127
5　審査上の留意点 …………………………………… 128
　(1) 受注内容 ……………………………………… 128
　(2) 建築工事業者の財務諸表の見方 …………… 129

(3) 粉飾決算の見分け方 ································· 132
　　　(4) 財務分析のポイント ································· 132

第3節　与信判断 ··· 134
　1　企業との折衝 ·· 134
　2　財務諸表の検証 ·· 135
　　　(1) 諸比率の状況 ·· 135
　　　(2) 直近2期間の資金運用・調達状況 ···················· 136
　3　キャッシュフロー分析 ···································· 137
　　　(1) キャッシュフローの状況 ····························· 137
　　　(2) 債務償還能力 ······································· 138
　4　企業体力の分析 ·· 139
　　　(1) 資産実態バランスと作成の留意点 ···················· 139
　　　(2) K社の資産実態バランス作成 ······················· 141
　　　(3) K社の企業体力の見方 ····························· 143
　　　(4) 資金繰りの状況と金融機関の対応 ···················· 144
　5　保全状況と保全の考え方 ·································· 146
　6　企業資質と将来性評価 ···································· 147
　　　(1) 経営ビジョン ······································· 147
　　　(2) 企業資質 ··· 147
　　　(3) 外部環境 ··· 148
　　　(4) 営業戦略 ··· 148
　　　(5) 経営陣 ··· 148
　　　(6) 企業評価と将来性 ··································· 149
　7　総合判断 ·· 150

第4節　企業再生に向けたソリューションの構築 ··· 151
　1　事例における企業再生シナリオ ···························· 151
　2　事業再生プログラム ······································ 154
　　　(1) 徹底した実態把握 ··································· 155
　　　(2) 粉飾の見抜き方 ····································· 155
　　　(3) 企業再生計画の策定のタイミング ···················· 157
　　　(4) 再建計画策定にあたってのポイント ················· 158
　3　経営者への問題提起 ······································ 160

事例4　製造業　設備資金
－機械加工業Ｃ社の分析－

第1節　申込内容と経緯 …………………………………… 162
  1　借入申込の要旨 …………………………………………… 162
  2　申込内容と経緯 …………………………………………… 162
  3　会社の概要 ………………………………………………… 163
    (1)　Ｃ社の概要 …………………………………………… 163
    (2)　財務諸表とその他の資料 …………………………… 163

第2節　与信判断 ……………………………………………… 174
  1　融資案件の妥当性 ………………………………………… 174
    (1)　設備投資の必要性について ………………………… 174
    (2)　所要資金の妥当性について ………………………… 174
    (3)　投資時期について …………………………………… 175
    (4)　建築物について ……………………………………… 175
  2　財務・資金分析による企業内容の検討 ………………… 175
    (1)　収益性分析 …………………………………………… 175
    (2)　健全性分析 …………………………………………… 177
    (3)　成長性分析（指数分析） …………………………… 178
    (4)　損益分岐点分析 ……………………………………… 178
    (5)　資金分析 ……………………………………………… 179
  3　設備投資の収支計画（平年度ベース） ………………… 183
  4　設備の経済性計算 ………………………………………… 184
  5　設備投資計画の修正 ……………………………………… 186
    (1)　設備投資額の削減 …………………………………… 186
    (2)　借入調達金額の削減 ………………………………… 186
  6　設備投資に伴う増加運転資金の発生 …………………… 190
  7　40期全社ベース利益計画及び貸借対照表(予想)の妥当性 … 191
    (1)　40期利益計画（全社ベース） ……………………… 191
    (2)　40期予想貸借対照表 ………………………………… 192
    (3)　全社長期借入金の償還年限（平年度ベース） …… 195
  8　全社逐年度利益計画及び設備資金返済計画 …………… 196
    (1)　既存事業の利益計画 ………………………………… 196
    (2)　設備投資後新規事業の利益計画 …………………… 198

	(3) 全社ベース利益計画	199
	(4) 返済能力の検討	199
9	保全性の検討	201
10	分担率の検討	201
11	企業の資質と将来性評価	201
	(1) 経営ビジョン	202
	(2) 内部・外部環境分析	202
	(3) 経営戦略	203
	(4) 事業目標	204
	(5) 企業評価と将来性	204
12	総合判断	205

事例5 サービス業 改装資金
－旅館Sの分析－

第1節　申込内容と経緯 …………………………………… 208

1	借入申込の要旨	208
2	申込内容と経緯	208
3	会社の概要と資料の整備	210
	(1) S旅館の概要	210
	(2) 財務諸表とその他の資料	210
4	最近の国内観光・行楽、国内観光旅行の概要	218

第2節　与信判断 …………………………………………… 219

1	検討	219
	(1) 借入申込み内容の再確認	219
	(2) 財務分析からの検討	221
	(3) 増改築計画の検討	222
	(4) 売上利益計画の検討	224
	(5) 経費削減策の検討	227
	(6) 資金繰りの検討	227
	(7) 償還能力	228
	(8) 担保能力	228
2	総合判断	229

序

融資案件審査の要点

1 企業活動の実態把握

金融機関における信用調査

(1) 信用調査の必要性

　企業から新規融資や継続融資あるいは貸出条件緩和の要請を受けたときは、金融機関は信用調査すなわち企業の実態把握を十分に行ったうえで対応を判断しなければならない。

(2) 定量分析と定性分析

　金融機関における信用調査は、基本的には企業の3つの側面すなわち「人」、「物」および「金」に着目して行うが、従来は「金」の側面すなわち財務諸表に基づく経営成績や財政状態の分析（財務分析＝定量分析）が重んじられてきた経緯がある[注1]。

　しかし、企業の現状を正しく判断するためには、財務諸表上の数字の成因となっている事実関係を理解しなければならない。そのためには企業の「人」や「物」の側面に関する調査・分析（定性分析）が不可欠であり、調査対象ごとにウェイト付けをしながら、定性分析と定量分析の双方を具体的に実施することにより金融機関としての合理的な判断が可能となる[注2]。

定性分析の主要ポイント

　定性分析を行う場合、対象が大企業と中小企業とでは重点を置く項目は当然異なってくるが、概ね共通する定性分析の主要ポイントは下記のとおりである。

(1) 企業の外部要因

　　① 一般環境
　　　　a．経済環境（国内・海外の景気動向、為替相場の変動状況など）

(注1)「情報」を加えた四つの側面から信用調査を実施する例もある。
(注2)「金融検査マニュアル」「金融円滑化に係る金融検査指摘事例集」

b．政策の動向（財政・金融・産業・地域政策、法律改正・会計基
　　　　準変更など）

　　　c．技術革新の動向（先端・IT・環境関連技術、ファッション開
　　　　発など）

　　　d．労働市場の動向（雇用・労働力の需給状況、賃金水準の動向な
　　　　ど）

　　　e．資本市場の動向（市場金利の変動状況、株式・債券市場の状況
　　　　など）

　　② 業界動向

　　　a．産業の変遷（創生期、成長期、成熟期、衰退期）

　　　b．業界の構造（主体は大企業か中堅・中小企業か、業界規模など）

　　　c．業種の特質（商品・需要・生産のタイプ、流通のしくみ、競争
　　　　条件など）

(2) 企業の内部要因

　　① 経営者

　　　a．経歴（創業者、2代目、生えぬき、天下りなど）

　　　b．経営管理能力（経営理念、経営方針、企画力・実行力、人柄な
　　　　ど）

　　　c．個人資産の状況および後継者（とくに中小企業の場合）

　　② 組織

　　　a．社歴

　　　b．企業集団（子会社、関連会社の状況など）

　　　c．経営組織（事業部制組織、目的別組織、職能別組織など）

　　　d．従業員施策（雇用施策、人材開発、労使関係など）

　　　e．IT化の進捗状況

　　　f．社内規律に対する取組み（内部統制の状況など）

　　③ 製品（商品）戦略

　　　a．製品（商品）の特性

　　　b．生産設備（販売店舗）と技術力（ブランド力）

　　　c．仕入先・販売先

(3) 定性的情報の入手と分析の進め方

① 定性的情報の入手方法

定性分析に係る情報の入手は、企業からの提出資料、ヒアリング、実地調査に加えて、官公庁や民間調査機関の統計・出版物類などから多面的に行う必要があるので、営業店では本部機能を十分活用した情報収集活動を行う。

② 定性分析の進め方

定性分析の作業は、収集した情報に基づく各種経営指標の時系列推移や同業他社比較などの分析のほか、対象企業の特性や案件内容にマッチした項目について具体的かつ客観的な調査・分析を実施して進める。

ただし、営業店の時間や費用、労力には限界があることから、定性分析の作業を効率的に進めるために組織機能を結集する体制づくりが不可欠である。

(4) ビジネスモデル

企業は既存の事業のみで将来にわたる存続を期すことはまず困難である。まして事業が低迷または不振を続け立直りが望み難い状態に陥っている状況においては、企業は新たな収益源確保を目指して思い切ったビジネスモデルの転換にチャレンジしなければ存続自体が危うくなる。

このような企業に対しては、金融機関は定性分析を通して当該企業のビジネスモデルの転換や再設計への取組み状況について綿密に調査・研究し、企業から事業再生に係る助言を要請された場合には、適切な指針や方策を迅速に提供するための体制整備をしておくことが求められる。

2 所要資金の算出と返済資源分析

　企業資金は使途別に「運転資金」と「設備資金」に大別される。
　以下、「運転資金」と「設備資金」について、発生要因と所要額の算出、妥当性の判断および返済資源分析の手法について解説する。

◇1 運転資金の発生要因

(1) 経営活動における資金の循環

　企業活動に伴う資金循環の様子について、製造業を例に見てみると、企業の投下資金はまず生産設備（土地・建物・機械等）と費用（原材料・労務費・経費等）に充当されたのち、製造工程と販売活動を経て回収される。

(2) 資金不足発生と運転資金

　企業はこのような資金の投下と回収を繰り返すことで利益の継続的な実現を図っているが、実際の資金循環においては資金の回収時期より支払の決済時期の方が先行することが多いため資金不足が発生するのが通例であり、このような企業活動に伴う資金循環過程で発生する不足資金を運転資金と呼ぶ。
　企業の運転資金は資金不足発生の要因に基づき、いくつかの種類に分類される。

◇2 各種運転資金の捉え方と返済資源

(1) 経常運転資金

　正常な状態下で企業活動を維持・継続するために必要な資金を経常運転資金といい、不足資金の発生（借入調達）と解消（借入返済）が恒常的に繰返される資金である。
　経常運転資金は企業の資金需要の大宗を占めており、金融機関にとって最も重要な資金となっている。

① 経常運転資金の捉え方

経常運転資金は次の算式から求める。

$$経常運転資金＝（売上債権＋棚卸資産）－買入債務$$ (注3)

上記算式の（売上債権＋棚卸資産）は資金の運用を、買入債務は資金の調達をそれぞれ意味するが、通常の企業では運用部分の方が調達部分より多く、いわゆる立替が発生することから経常運転資金が必要となる。(注4)

また、前払費用・前渡金・未収収益等のその他の流動資産および未払費用・前受金・前受収益等のその他の流動負債が金額的に重要な場合にはそれぞれ運用部分または調達部分に加算して経常運転資金を算出するが、少額の場合にはこれらを省略扱いとしても支障ないケースも多い。

② 適正な経常運転資金量の把握

個別企業に係る経常運転資金の算定と分析で最も重要な作業は、当該企業における適正な経常運転資金量の把握である。

このために一般に行われている手法は、経常運転資金各項目の月当り費消額を仕入・販売の取引条件や企業の内部条件から求め、経常運転資金各項目の残高を分子、月当り費消額を分母として算出される回転期間（月）を検証することによって、異常の有無を発見する方法である(注5)。

簡便法として、上記の月当り費消額の代わりに平均月商を分母にして回転期間を算出する方法が用いられることもある。取引条件等の変動が比較的少ない企業の場合はこの方法でも概ね妥当な判断が可能である。

③ 経常運転資金の貸出形態と留意点

経常運転資金の貸出方法は、資金不足の要因が受取手形の場合には商手割引、売掛金や棚卸資産の場合には単名貸出となるのが原則である(注6)。

また、資金の性格から金融機関では極度取引で対応していることが多

(注3) 売上債権＝売掛金＋受取手形（含む割引手形＋裏書譲渡手形）
　　　棚卸資産＝原材料＋貯蔵品＋仕掛品＋半製品＋製品＋商品
　　　買入債務＝買掛金＋支払手形（含む裏書譲渡手形、除く設備支手）
(注4) 逆に調達部分の方が運用部分より多い企業では立替が発生しないので経常運転資金は不要である。（鉄道会社など業種・業態による）
(注5) 事例1第2節5(1) 実績回転期間（22期）の算出の項を参照
(注6) 電子債権（電子手形）の普及により手形の流通量は減少している。

く、極度内単名貸出についてはコロガシ扱いとしている例も少なくない。経常運転資金貸出で留意すべき点は、業況の悪化やこれに伴う財務内容の劣化など企業の状況変化に気づかず安易に融資を継続していると、当初は経常運転資金として貸出したものが、事後になって滞貨資金や赤字資金など問題ある資金に変質している場合が往々にしてあるため、融資先の業況推移と資金繰り状況に対する継続的な監視が欠かせないことである。

④ 経常運転資金の返済資源

経常運転資金の返済資源は売上回収金である。

(2) 増加運転資金

経常運転資金は構成要素が変動すれば所要額も増減する。

経常運転資金の構成要素を変動させる主な要因としては次の場合が考えられる。

　a．売上高の増減
　b．回転期間の変動
　　・回収条件の変化
　　・棚卸資産回転期間の変化
　　・支払条件の変化

上記のような要因の発生により構成要素が変動して、経常運転資金所要額が増加することになった場合、この増加部分を増加運転資金と呼ぶ。

増加運転資金については、発生した後に実績として検証することももちろん可能であるが、通常は今後予想される追加の運転資金需要として扱われる。

① 増加運転資金の捉え方と妥当性の判断

増加運転資金の捉え方は、一定時点の経常運転資金所要額（実績）と将来のある時点における経常運転資金所要額（予想）の差額（増加額）として算出する。

増加運転資金の妥当性の判断のポイントは次のとおりである。

　a．売上高の増加（一般的に売上高の減少の場合は、増加運転資金は発生しない）

・企業の現状からみて実現性は十分見込めるか
　　ｂ．回転期間の変動
　　　・回転期間を変動させる要因の発生は妥当と認められるか
　　　・変動後の回転期間予想値と実績値との差異は変動要因の影響を適正に反映しているか[注7]
　② 増加運転資金の返済資源
　増加運転資金も売上回収金を返済資源とするのは経常運転資金と同じであるが、通常は継続的に利用される新たな経常運転資金の水準となる。

(3) 季節資金

　ビールや酒などの醸造会社、中元・歳暮・クリスマス等の関連業種、アパレル業界などのように季節性を帯びた営業活動を行っている業種では、消費需要のピーク期よりも相当遡った時点から原材料や商品の仕込みが始まること、また販売期間中は季節商品在庫の一時的な増加状態が続くこと、さらには販売完了後も売掛期間は代金の回収が遅れるなどの事情から、この間の仕入資金をはじめとする諸費用の支払が先行し、資金不足が発生する。

　これが季節資金と呼ばれるもので、該当する業種では製造業から卸・小売業に至る一連の段階で毎年恒例的に発生する資金である。発生要因は一時的な在庫の積増しと売上債権の増加であり、基本的には懸念ない性質のものとして扱ってよい。

　① 季節資金の捉え方と妥当性の判断

　季節資金の捉え方は、製造・流通段階とも当該企業の経常運転資金水準の棚卸資産および売上債権の在高に対する季節商品在庫の積増し計画額および売上債権の予想増加額を月別に展開することにより算出する。

　季節資金の妥当性の判断は、販売計画の妥当性の検討に尽きる。

　すなわち、当期の販売計画が景気動向、流行や嗜好の変化、当該季節商品需給見通し等消費市場の動向とともにブランド力・販売力など企業の競争力を十分反映して立案されているか、過去の実績に照らして計画が過大（場合によっては過少）となっていないかなどを慎重に検証した

(注7) 事例1第2節5　増加運転資金の算定の根拠の項を参照

うえで、季節商品の在高および売上債権の増加見込みの妥当性を判定する。

なお、季節商品は冷夏・暖冬などの異常気象や消費者ニーズの予測違いなどが生ずると、計画どおりの販売ができず売残り品が発生するリスクが大きく、万一、大量の持越し在庫を抱え込むような事態となれば、企業の資金繰りと損益面に重大な影響を及ぼすことになる。

したがって、金融機関としても業界や季節商品に関する十分な知識が求められるとともに、融資対象商品の販売状況に対する継続的なフォローが重要となる。

　② 季節資金の返済資源

季節商品の販売代金が返済資源となる。通常は、販売スケジュールに合わせた分割返済条件とし、販売代金回収が完了した時点で全額返済となる。

もし、需要期内で売捌けなかった場合には、持越し在庫の発生状況に応じた対策を立案させ、十分実効性があると認められれば返済条件の緩和など必要な対応を検討することになる。

(4) 在庫資金

企業は積極的意図を持って一時的に在庫を積増しする場合があり、背景には次のような状況が考えられる。

　　a．発売前の新製品の作りだめ
　　b．品薄予測下における製品・商品の事前手当
　　c．市況高騰が見込まれる原材料等の事前の大量仕入
　　d．売場面積拡大に伴う商品在庫の確保

この種の資金を在庫資金（備蓄資金）といい、基本的には問題は少ない性質の資金である。前述の季節資金も一種の在庫資金であるが、季節商品の在庫積増しに限定した資金として独立して扱われる。

　① 在庫資金（備蓄資金）の捉え方と妥当性の判断

在庫資金の捉え方は、いずれの場合も当該の企業の経常運転資金水準における在庫高に対する備蓄後の在庫高との差額から算出することになる。

在庫資金の妥当性の判断としては、まず一般経済情勢や企業の現状に照らして、在庫を積増しする目的が客観的に妥当かどうかを判定することが前提で、次に当該在庫の備蓄量がその目的に見合う適正な水準か否かを検証する。

　例えば、品薄や市況高騰予想などへの対処を目的とする場合は企業の思惑が入り込み易いため計画が過大となる懸念があるし、新製品発売や売場拡張に伴うケースでは販売面での見込み違いが発生して過剰在庫を抱え込むリスク等に注意しながら検討する。

　② 在庫資金の返済資源

　在庫資金は当該備蓄在庫が販売または消費され、在高が適正水準に収束することによって返済される。

　なお、在庫の備蓄期間は一時的、短期間が原則であり、備蓄計画が長期となっている場合には、デッドストックなど不良在庫の存在を疑う必要がある。

(5) 決算資金

　企業が営業活動の成果として利益を計上すると、これに対する法人税・住民税・事業税などの税金を納める義務がある。また、剰余金があれば株主には金銭による分配として配当金が支払われる。納税や配当金支払は企業の決算に伴って支出されることから、これらに要する資金を決算資金という。

　企業は、資金の効率的運用を図るため利益の実現で得た資金は現金・預金勘定に温存することなく再投資に回す行動をとっており、売上債権や棚卸資産などその他の勘定に振向けられているのが一般的であるので、決算資金の支払時点で資金不足が生ずるのである。

　① 決算資金の捉え方と妥当性の判断

　納税資金および配当金の所要額は次のように求める。

　　a. 納税資金

　企業が納付すべき税金の額は、決算期に提出される確定申告書で確認することになるが、中間納税を行っている場合には期末の納税額はその分少なくなる。

なお、財務会計と税務会計の相違から、損益計算書上の税金等調整前当期純利益と確定申告書の課税所得は必ずしも一致しないことに留意する。

　　b．配当金

決算期末の配当金額は株主総会で承認された剰余金の処分額である。

ただし、定款に定めがあれば、1事業年度に1回は取締役会の決議で中間配当金を支払うことができ、一定の条件を満たした会社では剰余金の配当を取締役会の権限で決定することが認められている[注8]。

決算資金の妥当性については所要額の範囲に収まっていることに尽きるが、配当金に関しては剰余金の配当等が分配可能額を超えていない点の確認が欠かせない[注9]。

　② 決算資金の返済資源

決算資金は前期利益の資金化により翌期中に計画的に返済させるのが原則である。

ただし、返済資源が翌期の増加運転資金に充当されたり、業績の急変から赤字資金など他の後向き資金に流用されるケースがある。このような場合には、決算資金の方は前期利益の資金化により翌期中に予定どおり返済させたうえで、新たな資金需要について改めて検討することになる。

(6) 減産資金

売上不振による生産制限、火災事故等による操業度の低下などにより企業が減産（または仕入減）を行うと、次のような資金需要が発生する。

　　a．減産（または仕入減）のタイミングのズレに伴う在庫資金
　　b．利益の減少によって生ずる経費支払資金
　　c．買入債務が売上債権より多い場合の業容縮小に伴う増加運転資金

これらを総称して減産資金と呼び、一時的な短期資金であることが原則である。主な発生要因は在庫資金となっている場合が一般的であるが、

(注8) 会社法453条、454条1項・5項、459条1項4号
(注9) 会社法461条1項・2項

金融機関にとっては後ろ向き資金である。

このほか減産に伴う資金需要として、滞貨資金や赤字資金が発生することがあるが、これらはしばしば長期化する資金であることから、貸出実務上は減産資金とは区別して扱う。

① 減産資金の捉え方と妥当性の判断

減産資金の捉え方は次のとおり個々の発生要因ごとに具体的に算出して行う。

  a．減産（または仕入減）のタイミングのズレに伴う在庫資金

   売上減少に伴い一時的に正常な水準を超えた棚卸資産に見合う額

  b．利益の減少によって生ずる経費支払資金

   減産による利益減少に伴って固定費が削減できないために生ずる資金につき、将来減産前の営業水準に回復するまでの固定費支払に要する額

  c．買入債務が売上債権より多い場合の業容縮小に伴う増加運転資金

   減産前（買入債務－売上債権）－減産後（買入債務－売上債権）により算出される額から在庫の削減額を差し引いた額

  また、減産資金の妥当性の判断のポイントは次のとおりである。

  ・発生要因が的確に把握されているか

  ・減産計画とその回復見通しは妥当か

  ・返済計画は短期かつ確実に達成が見込めるか

② 減産資金の返済資源

売上・利益の回復、在庫調整による過剰在庫の解消または固定費の削減等により比較的短期間に返済が可能となる。

ただし、市況の回復遅れなど予定外の事態が発生した場合には滞貨資金や赤字資金などへ転化する懸念が極めて大きい資金につき、業況推移や返済状況に対する注視などの事後管理が重要である。

(7) 滞貨資金

企業における製造・流通過程のいずれかの段階で、次のような理由か

ら棚卸資産が適正水準を大幅に超え、容易には解消不能となった過剰在庫のことを滞貨という。

　　a．仕入過多や変質等による原材料在庫の累積
　　b．生産工程における不具合の発生や生産調整等による仕掛品の滞留
　　c．過剰生産や欠陥発生等による製品在庫の増大
　　d．市況の変化や販売見通しの甘さ等に起因した商品在庫の累増

　滞貨の発生により適正在庫資金を超える資金（滞貨資金）が必要となるが、実際には当初から滞貨資金として申込まれる例は殆どなく、多くの場合増加運転資金などの前向き資金を装って打診されるので注意を要する。

　①　滞貨資金の捉え方と妥当性の判断

　滞貨資金を捉える方法は、棚卸資産の各段階について適正水準と滞貨状態の在高の差額から求めるが、具体的には回転期間を用いて算出するのが分かりやすい。

　まず、以下の方法を使い分けするか組合わせるかして、原材料・仕掛品・製品・商品の各段階の適正在庫の回転期間を把握する。

　　a．過去数期間の決算書上の在高の回転期間の平均値（異常値を除く）
　　b．同業他社の平均的回転期間
　　c．企業からの適正水準の在庫量または回転期間の聴取

　次に、検証すべき時点の貸借対照表（または試算表）から各段階の棚卸資産の実際の回転期間を算出し、先に求めた適正在庫水準の回転期間との差異から滞貨の内容（原材料、仕掛品、製品・商品など）と金額を割り出す。

　滞貨資金の妥当性の判断のポイントは次のとおりである。

　a．滞貨となった要因が明確であり、所要額も止むを得ないか
　b．滞貨の解消方策は適切か
　c．滞貨の解消にはどの程度の期間を要するか（1年以内に可能か）
　d．滞貨の解消が長期となる場合は、資金繰りや経営維持に不安は

ないか

　滞貨は、発生の要因や滞貨量によっては、値引きによる売却にはじまり、最悪の場合は在庫の廃棄による多額の損失を招く恐れが大きいことから、滞貨資金の検討は慎重に行わなければならない。

　② 滞貨資金の返済資源

　滞貨がさほど下落しない価格で早期に売却できる場合は、販売代金を返済資源とする短期融資での対応が可能である。

　しかし、滞貨の解消に1年以上を要する場合には、資産売却など他の財源がなければ内部留保利益を返済資源とする長期融資とならざるを得ない[注10]。

(8) 赤字資金

　企業が赤字状態に陥ると、収支の悪化から資金不足が確実に顕在化してくる。

　この資金不足を補填する資金が赤字資金である。

　赤字資金は金融機関にとって最も好ましくない資金につき、慎重のうえにも慎重な判断が求められるが、企業支援の観点から対応を検討すべき場面に直面することもある。

　ただし、滞貨資金と同様、正面きって赤字資金として申込まれることはまずなく、増加運転資金など他の資金を名目にするケースが多い点に留意する。

　① 赤字資金の捉え方と妥当性の判断

　赤字資金は決算書で償却前引当前当期純利益が赤字になっているケースだけに限らず、表面は黒字を計上していたとしても、売上債権や在庫に不良資産が含まれていて実態は赤字である場合や赤字を隠蔽するため粉飾決算が行われているときも当然発生する。

　したがって、赤字資金は次の手順で算出することになる。

　　a．調査時点（決算期等）における資産実態バランスを作成し、当該決算期における実態の赤字発生額を正確に算出して、これに見合う額の借入金は既に赤字資金に転化していると認定す

(注10) 内部留保利益＝税引後当期純利益＋減価償却費＋引当金増加額－社外流出

　　　　る(注11)。
　　　b．さらに翌期以降も赤字発生が予想される場合には、その予想赤字額に見合う額が赤字資金となるが、所要額としては資金の流出を伴わない減価償却費・各種引当金・準備金等の積増し分を差引いた額となる。
　上記のa．＋b．が赤字資金の総額となる。
　赤字資金の妥当性を判断するポイントとしては次のものが挙げられる。
　　　a．赤字発生の要因は一時的なものか、構造的なものか
　　　b．赤字回復時期の見込みはいつか（要因によっては長期化する）
　　　c．経営者の赤字に対する認識と赤字脱却への取組み姿勢はどうか
　　　d．取引先や他の金融機関等の支援は望めるか
　　　e．赤字脱却までの資金手当は万全か
　　　f．返済資源のめどはたっているか
　　② 赤字資金の返済資源
　赤字資金は増加運転資金などと異なり、これに見合う資産の増加がないため将来の収益によって返済するしかなく、内部留保利益が返済資源となる。

(9) つなぎ資金

　近い将来に入金が見込まれる特定のひもつき財源を引当とし、その間の資金需要に充当するために発生するのがつなぎ資金と呼ばれるもので、当然にして短期貸出となる。
　ただし、つなぎ資金は、引当財源による分類であって、資金需要の発生要因に基づく本来の分類ではない。
　つなぎ資金の対象となる特定のひもつき財源の例としては次のようなものがある。
　　　a．増資手取金
　　　b．社債発行手取金
　　　c．資産処分代金
　　　d．他行借入金

(注11) 事例3 第3節4 (1) 資産実態バランス作成の留意点の項を参照

① つなぎ資金の捉え方と妥当性の判断

つなぎ資金の捉え方は、実質的な資金使途や資金不足の要因を十分調査・検討し、その実態を明らかにしたうえで、本来の資金需要としての所要額を算定して行う。

実際に、滞貨資金や赤字資金を増資つなぎ資金として申込まれる例もあるので、この資金需要の実態解明は欠かせない。

つなぎ資金の妥当性の判断のポイントは次のとおりである。

　　a．引当財源の実現の確実性の確認
　　b．引当財源の企業の手取額の確認 (注12)
　　c．実質的な資金需要の内容と所要額の妥当性
　　d．貸出額が引当財源の手取額範囲内であることの確認 (注13)

② つなぎ資金の返済財源

つなぎ資金の返済財源は引当財源の手取金であるが、返済時の企業の資金繰りが他の要因発生により円滑でなくなれば、つなぎ資金の返済に支障をきたすことになるので、償還時の資金繰りについても十分な検討が必要である。

(注12) 借換社債つなぎの場合は発行額がそのまま手取額にならないことがあるし、資産処分の場合は納税資金を留保する必要がある。
(注13) 同一の財源を引当として他行にもつなぎ資金を申込んでいる場合は他行分も含めた借入額が引当財源の手取額の範囲内であること

3 設備資金の妥当性判断と償還財源分析

　企業が成長を遂げるためには設備投資が不可欠であることはいうまでもない。しかし、設備投資は同時に企業経営上大きなリスクを抱えることでもある。そのリスクの一つは、設備投資には多額の資金を要し、かつその投下資金の回収には長期間かかることに起因する財務体質の硬直化であり、もう一つのリスクは、固定費の増加に伴う企業の収益構造の悪化である。

① 設備資金需要とその形態

　実際の設備投資の態様は、業種、企業規模、目的等により個別案件ごとに異なるし、時代的または社会的背景を反映する面もあるため様々となるが、設備投資の形態を分類する方法としては機能別・目的別による区分が代表的である。

(1) 機能別分類…設備の機能に着目した分類
　① 生産設備（含む販売用設備）＝生産・販売高増加に直接つながる設備
　　 a．製造業…工場用土地・建物・構築物、機械装置、付帯設備等
　　 b．卸・小売業…営業店舗用土地・建物、内装・付帯備品、倉庫等
　② 非生産設備＝生産・販売高増加には直接寄与しないが経営上必要な設備
　　 a．管理設備…本社社屋、研修所等
　　 b．研究設備…研究所および内部設備等
　　 c．厚生施設…社宅・寮、医療・保育施設、保養所等
　　 d．環境対策…排煙・排水・騒音対策、温暖化ガス削減対策等

(2) 目的別分類…投資目的に着目した分類
　① 拡張投資
　生産・販売高の量的拡大を目的とした投資（設備の新設・増設・改良等）

② 合理化投資

販売力強化を目的とした投資（品質・生産性の向上、コストダウン向け設備等）

③ 間接的投資

量的拡大、質的向上のいずれにも直接つながらない設備投資（広告宣伝用設備、子会社・下請先への投資等）

② 投資効果の測定法

設備投資計画の妥当性を判定するうえで投資効果の測定が有効である。とくに、生産拡大や販売増加を目的とした拡張投資の場合は投資効果の測定が欠かせない。

投資効果の測定方法には下記のようにさまざまな手法があるので、個々の設備資金案件においては最もマッチした方法を採用することになる。いずれの方法を用いるにしても、投資効果判定の有効性は投資後の予想数値の精度に左右されるので、実現可能性を十分見極めた精度の高い予測作業が必要となる。

投資効果の測定方法の代表的な例は次のとおりである。

(1) 投資利益率法

投資額に対する投資で得られる利益の比率で投資効果を測定する方法である。

投資額＝T

投資で得られる利益の増加額＝a（この場合、利払前税引前償却後利益）

とすると、

投資利益率＝a÷T

仮に投資利益率が国債利回りより低ければ、設備投資するより国債を購入した方がマシということになるし、投資額全額を借入でまかなった場合に、投資利益率が借入金利より低ければ利息が払えないことになり、どちらも投資計画の意味を問い直すべきケースと判断される。

(2) 投下資金回収期間法

設備投資へ投下した資金が当該投資で得られる利益によって何年で回

収できるかを捉える方法である。

　投資額＝T

　投資で得られる利益の増加額＝b（この場合、利払後税引後償却前利益）

　とすると、

　回収期間＝T÷b

　もし回収期間が設備の法定耐用年数や借入金の返済期間を上回っている場合には、当該設備が老朽化しても借入金がまだ残ることになる。

(3) 損益分岐点法

　企業の固定費や変動費を把握できる場合には、損益分岐点分析を応用することによって設備投資の妥当性を判断する"ものさし"を増やすことができる（次項参照）。

3 損益分岐点分析

　損益分岐点とは損益がゼロになる売上高のことである。

　損益分岐点に基づく分析は、主に企業内部での経営判断指標のひとつとして下記のような場合等に幅広く利用されているが、金融機関における設備投資の効果判定にとっても有効な手法である。

　　a．利益予測、長期経営計画の立案

　　b．設備投資の投資効果判定

　　c．長期借入金の償還財源算定

(1) 損益分岐点の基本公式

　売上高＝費用＋利益という関係から、損益分岐点は売上高－費用＝0の状態における売上高のことである。

　固定費＝f

　変動費＝v

　売上高＝s

とすると、

　損益分岐点　s－(f＋v)＝0

　損益分岐点　s＝f＋v＝f＋v／s×s

　固定費　f＝s－v／s×s＝s（1－v／s）

損益分岐点　　s＝f÷(1－v／s)

これが損益分岐点の基本公式である。

上記の算式中、(売上高－変動費)すなわち(s－v)を限界利益と呼び、(売上高に対する限界利益の割合)すなわち(1－v／s)を限界利益率という。

したがって、損益分岐点は固定費を限界利益率で割った数値ということになる。

(2) 損益分岐点を用いた設備投資効果の判定

設備投資を行うと、減価償却費や金利などの固定費が当然増えるので、これに見合う売上高や利益の増加が見込めなければ設備投資をする意味がない。

投資効果を実現するために必要な売上高や利益の増加額を試算するときなどは、損益分岐点分析の応用が有効となる。下記はその一例である。

① 変動費率が変化しない場合の採算点となる売上高の増加額

設備投資前の変動費率＝v／s

設備投資による固定費の増加額＝a

とすると、

設備投資前の損益分岐点　　s＝f÷(1－v／s)

投資後の損益分岐点　　s′＝(f＋a)÷(1－v／s)

よって、設備投資後の採算点となる売上高の増加額は、

s′－s＝｛(f＋a)÷(1－v／s)｝－｛f÷(1－v／s)｝＝a÷(1－v／s)

② 変動費率が変化しない場合の所要利益をあげるための売上高の増加額

設備投資による固定費の増加額＝a

設備投資前の利益＝g

設備投資後の所要利益の増加額＝g′

とすると、

投資前の利益gをあげるための売上高　χ＝(f＋g)÷(1－v／s)

投資後の所要利益g′をあげるための売上高　χ′＝(f＋a＋g＋g′)÷(1－v／s)

よって、設備投資後の所要利益をあげるための売上高の増加額は、

χ′－χ＝(f＋a＋g＋g′)÷(1－v／s)－(f＋g)÷(1－v／s)＝(a＋g′)÷(1－v／s)

③　変動費率が変化する場合の損益分岐点

設備投資後に変動費率が騰落する場合の新たな損益分岐点は次の算式から求める。

新損益分岐点＝f÷｛1－v／s×(1±変動費増減率)｝

なお、上記②と③を組み合わせることにより、変動費率が変化し、かつ固定費が増加する場合の目標とする所要利益をあげるために必要な売上高も算出できる。

(3) 費用の分解法

損益分岐点分析を行うには、費用を売上高の増減に比例して増減する変動費と売上高の増減に関係なく発生する固定費とに分解する必要がある。費用の分解法には、大別して①個別費用法、②総費用法、③統計法があり、うち一般的に行われているのは①個別費用法である。

ただし、現実は企業の費用を正確に分解することはむずかしいため、金融機関としては概ね妥当な程度に分解できればよく、それでも損益分岐点分析の有効性が失われることはない。

④ 設備資金の償還財源

設備投資は多額の資金を固定化させ、かつ回収に長期間を要するので、借入調達した設備資金の返済は、資産売却や増資などによる例外を除き、他の長期借入金と同様に内部留保利益を財源とする長期分割返済となる。

したがって、設備資金の検討にあたっては、当該設備の投資効果を多面的、客観的に判定したうえで、企業の利益計画を検証し、既存の長期借入金および新規設備資金の年間返済額を上回る収益による償還財源が確保できるかどうかを検討することになる[注14]。

(注14) 事例4第2節8 (4) 返済能力の検討の項を参照

⑤ 設備投資に伴う増加運転資金の発生と妥当性の判断

(1) 設備投資に伴う増加運転資金の発生

　拡張投資を行えば通常は売上高が増えなければならず、売上高が増えれば運転資金所要額もまた増加する。この運転資金の増加は通常は一時的なものではなく、投資後において恒常的に必要な資金すなわち増加運転資金の発生であり、設備資金を扱う場合には、並行してこれに伴う増加運転資金についても検討する必要がでてくる。

(2) 増加運転資金の妥当性の判定

　設備投資に伴う増加運転資金の検討方法は、前述した通常の増加運転資金のケースと基本的には同様であるが、次の点に留意しなければならない。

　① 売上高増加の予測

　設備投資は、経済環境や市況の急変、新製品の思わぬ品質上の問題発生などのリスクを常に孕んでいるため、計画どおりの売上高増加が確実に実現できるとは限らない。

　したがって、実際の個別案件においては、企業が作成した売上計画を安易に採用することなく、客観的な予測に徹することが肝要であり、ケースによってはある程度の安全度を勘案した堅めの売上高増加とすべき案件もありうる。

　② 運転資金回転期間の変化

　設備投資の実施に伴って、売上拡大のための販売条件の緩和や、新製品の作りだめによる在庫の増大、仕入先からの支援に伴う支払条件の長期化など、投資前と異なった状況が起こりうることを念頭に置いておく必要がある。これらの現象は、売上債権、棚卸資産および買入債務の各回転期間を変動させる原因となることから、増加運転資金の発生額算出にあたっては、漫然と投資前と同じ回転期間を採用することなく、このような状況変化を的確に反映した回転期間を用いなければならない。

事例1

製造業　増加運転資金
－自動車部品メーカーS社の分析－

1 申込内容と経緯

① 借入申込の要旨

　自動車部品メーカーのS社は最近の自動車業界の堅調な需要の伸びにより、業況は比較的順調で、ここ3年間は増収増益で推移した。また、今後の受注増加を見込み、22期（前期）に設備増強投資を実施し、受注体制強化をはかった。23期（今期）は8％の売上高増加を見込んでいる。この売上高増加に伴う増加運転資金として約30百万円の要資が発生する見込みで、これに対して短期借入金で調達を計画、うち主力の当行へは20百万円の単名の借入申込みがあった。残りの10百万円はA行へ単名借入での調達を予定しているとのことである。単名の返済条件は1年以内の一括返済ということであるが、資金の性格上、経常運転資金に転化することは必至である。また、担保は既存の提供分で検討してほしいとの依頼である。

② 申込内容と経緯

(1) 借入内容

　S社は自動車用のネジの製造メーカーで、自動車産業の伸びに合わせて業績を伸ばしてきた中小企業である。前期に工場を増強し自動ナット盤、フリクションプレス機械の購入等の設備投資を実施し、生産体制強化を図ってきた。

　前期売上高は、対前年比10％増加の1,714百万円、経常利益は対前年比9％強増加の72百万円とまずまず堅調に業容拡大中である。

　今期は自動車業界を取り巻く環境は厳しいながらも、国内、海外とも小型大衆車を中心に引続き堅調な需要が予想されることから、当社も売上高を対前年比約8％増加の計画を立てている。当社は前期に設備投資を完了しており、社内体制の整備、充実により、受注先からの要請に的

確に対応することが可能であり、受注能力アップにより増収増益が期待できるとしている。売上高増加に伴う増加運転資金は、Ｓ社の試算によると概ね次の通りとなっている。

　　　売上債権の増加　　　44百万円………①
　　　在庫の増加　　　　　16百万円………②
　　　買入債務の増加　　　30百万円………③
　　　増加運転資金（①＋②－③）＝30百万円

また、増加運転資金30百万円の借入調達計画は下記の通りである。

　　　当行　　　短期借入金　　20百万円
　　　Ａ行　　　短期借入金　　10百万円
　　　　　合　　計　　　　　　30百万円

当行へは増加運転資金所要額 30百万円のうち20百万円を単名借入での申込打診であり、Ａ行には単名で10百万円申込予定である。なお、当行の単名20百万円の借入申込みに対する担保は、既存の提供分で検討してほしいとの依頼があった。

当行への申込内容を整理すると次のようになる。

１．	借入形式	手形借入
２．	申込金額	20百万円
３．	借入希望日	平成21年5月（23期）
４．	借入期間	1年間
５．	返済方法	営業収入による期限一括返済
６．	借入金利	2.00％
７．	担保・保証人	本件借入に対する担保はなく、保証人は社長

(2) 借入申込時における社長とのヒアリング内容

Ｓ社は昭和62年4月にネジ製造業者として設立された。創業時がちょうど成長期にあたり、ネジの需要も大幅な伸びを記録したが、バブル崩壊以降、需要は頭打ちとなり、標準品の製造を主体としていた同社は直接その影響を受けた。社長は局面打開のため、比較的需要の堅調な自動車用ネジの製造に重点を置いた結果、自動車産業の伸びに合わせて業容

を拡大し、今日に至っている。

　23期期首に、社長から「主要納入先のD自動車工業が1,000CCの小型大衆車の増産体制に入ったので受注が順調に伸びており、増加運転資金が発生するのは避けられず、支援をお願いしたい」との申し出があった。

　以下は社長へのヒアリング内容である。

行員「…それはD自動車工業の受注増に対応するためでしょうか。それとも他のご計画もおありでしょうか」

社長「当面はD自動車工業の対応を考えています。D自動車工業からは新たに別の部品注文もありまして、当社の売上シェアを高める絶好のチャンスと考えています」

行員「そうしますと、23期の売上高は計画よりも増える可能性もありますね」

社長「アメリカの景気の不透明感もあり、国内景気もいまひとつすっきりしないので、売上計画は慎重に見積っています。前年比8％増加は極めて固い数字であると考えています。一方、利益の方は、材料費、外注費が比較的安定しており、増収効果で人件費やその他固定費増加を吸収し、増益を見込んでいます」

行員「今後のネジ製造業の動向と御社の対応をどのように考えていますか」

社長「ネジ製造業を取り巻く経営環境は、国際化の急速な進展やアジア諸国の急成長による競争の激化や納入先ニーズの高度化等により大きく変化しており、製品の品質向上、高付加価値化、安全性、コストの低減等多くの課題に直面しています。当社は幸いにも自動車部品の製造という比較的需要が安定している分野に注力しているため、今日まで無難に推移してきました。今後も厳しい環境に変わりないが、当社の技術力をさらに向上させ、かつコストダウンを怠らず、大手自動車メーカーから安定した受注を確保できるよう努力していきたい」

行員「今回の単名借入で、新たに不動産担保提供は無理でしょうか」

社長「担保はできれば既存の提供分で検討願えればありがたいが…」

　社長からの聴取内容をもとに融資の妥当性を検討することとした。

事例1　製造業　増加運転資金

③ 会社の概要

(1) S社の概要

- 設立年月日　　　　昭和62年4月
    - 本社　　　東京都○○区　○○町
    - 営業所　　東京都△△区　△△町
    - 工場　　　本社第一工場、本社第二工場、埼玉工場
- 資本金　　　　　　30百万円
- 従業員数　　　　　94名（22期末）
- 取扱製品　　　　　自動車用のボルトナット等ネジ類の製造、加工
- 主要販売先　　　　大手自動車メーカー3社
- 経営形態　　　　　同族会社
- 代表者の資産　　　不動産(自宅)時価600百万円　有価証券100百万円
- 借入金、割引(22期末現在)　　短期借入金　　166百万円
    - 長期借入金　　590百万円
    - 手形割引　　　253百万円
    - 合　計　　1,009百万円

(2) 財務諸表とその他の資料

① S社提出資料
- 損益計算書　最近3カ年（図表1－(1)）
- 貸借対照表　最近3カ年（図表1－(2)）
- 販売費及び一般管理費明細表　最近3カ年（図表1－(3)）
- 製造原価報告書　最近3カ年（図表1－(4)）

② 当行作成資料
- 経営分析表　最近3カ年（図表1－(5)）
- 損益分岐点分析表　最近3カ年（図表1－(6)）
- 付加価値分析表　最近3カ年（図表1－(7)）
- 資金運用表　最近2カ年（図表1－(8)、1－(9)）
- 資金移動表　最近2カ年（図表1－(10)）
- 銀行別借入明細表　22期実績及び23期見込み（図表1－(11)）

図表１－(1)　損益計算書

取引先名：Ｓ社　　　　　　　　　　　（単位：百万円）

項　　目	20期	21期	22期
売上高	1,529	1,557	1,714
売上原価	1,143	1,168	1,288
期首製品棚卸高	27	23	29
当期製品製造原価	1,139	1,174	1,294
（－）期末製品棚卸高	23	29	35
売上総利益	386	389	426
販売費及び一般管理費	271	272	299
（内人件費）	(188)	(204)	(221)
営業利益	115	117	127
営業外収益	9	8	9
受取利息・配当金	6	7	7
その他	3	1	2
営業外費用	65	59	64
支払利息・割引料	65	59	59
その他			5
経常利益	59	66	72
特別利益	4	4	5
貸倒引当金戻入額	4	4	5
特別損失	5	2	8
固定資産除却損	5	2	8
税引前当期純利益	58	68	69
法人税等	26	30	30
当期純利益	32	38	39

（注）

	20期	21期	22期
配当金	10	10	10

（参考）

	20期	21期	22期
固定資産減価償却費	30	32	35
有形固定資産減価償却費	30	32	35
無形固定資産減価償却費			

事例1　製造業　増加運転資金

図表1－(2)　貸借対照表

取引先名：S社　　　　　　　　　　　　　　　　　　　　　　　　　　　　（単位：百万円）

資産	20期	21期	22期	負債・純資産	20期	21期	22期
流動資産	640	785	769	流動負債	591	625	676
現金預金	266	302	263	支払手形	279	285	306
受取手形	13	64	69	買掛金	37	57	67
売掛金	189	198	227	短期借入金	175	160	166
製品・商品	23	29	35	未払金	89	106	121
原材料	35	51	46	預り金	8	9	9
半製品・仕掛品	118	133	126	未払法人税等	3	8	7
前渡金	0	13	8				
貸倒引当金	-4	-5	-5				
固定資産	512	546	694	固定負債	436	553	605
有形固定資産	387	399	519	長期借入金	429	541	590
建物	80	95	117	退職給付引当金	7	12	15
構築物	26	27	56				
機械装置	77	72	133				
車輌運搬具	5	3	6				
工具器具備品	12	15	11	負債合計	1,027	1,178	1,281
土地	187	187	187	資本金	30	30	30
建設仮勘定			9	資本剰余金			
無形固定資産	1	1	1	資本準備金			
電話加入権	1	1	1	その他資本剰余金			
投資その他の資産	124	146	174	利益剰余金	95	123	152
長期貸付金	52	70	82	利益準備金	4	5	6
差入保証金	34	34	34	その他利益剰余金	91	118	146
投資有価証券	28	28	39	任意積立金	54	69	94
その他	10	14	19	繰越利益剰余金	37	49	52
繰延資産				純資産合計	125	153	182
資産合計	1,152	1,331	1,463	負債・純資産合計	1,152	1,331	1,463
				割引手形	269	267	253

図表1-(3) 販売費及び一般管理費明細表
S社 (単位：百万円)

項目 \ 期	20期	21期	22期
役員報酬	32	34	38
給料手当	104	115	119
賞与	27	29	33
法定福利費	12	13	14
福利厚生費	10	11	12
退職金	0	0	2
通勤費	4	4	5
減価償却費	2	1	2
消耗工具器具	4	2	3
事務用消耗品	4	3	4
図書費	3	2	2
旅費交通費	5	3	5
保険料	4	4	4
広告宣伝費	8	4	6
求人費	3	3	3
荷造運賃費	10	11	11
通信費	3	2	3
水道光熱費	3	2	3
手数料	4	1	2
公租公課	3	5	6
交際費	3	3	3
諸会費	3	1	2
保証料	2	2	2
会議費	5	3	4
寄付金	2	2	1
雑費	4	5	2
貸倒引当金繰入	4	5	5
退職給付引当金繰入	3	2	3
合　計	271	272	299

図表1-(4) 製造原価報告書
S社 (単位：百万円)

項目 \ 期	20期	21期	22期
1．原材料費			
期首原材料棚卸高	43	35	51
当期原材料仕入高	349	382	353
合　計	392	417	404
期末原材料棚卸高	35	51	46
当期原材料費	357	366	358
2．労務費			
賃金	181	184	182
賞与	33	26	38
法定福利費	18	15	22
福利厚生費	9	10	7
退職金	3	1	3
退職給付引当金繰入	2	4	5
当期労務費	246	240	257
3．経費			
消耗工具費	6	8	12
外注費	419	445	528
消耗品費	5	8	9
動力費	14	15	13
減価償却費	28	31	33
修繕費	5	10	9
賃借料	5	5	6
リース料	42	37	40
保険料	2	3	2
雑費	2	21	20
当期経費	528	583	672
当期総製造費用	1,131	1,189	1,287
期首仕掛品棚卸高	126	118	133
合　計	1,257	1,307	1,420
期末仕掛品棚卸高	118	133	126
当期製品製造原価	1,139	1,174	1,294

事例1　製造業　増加運転資金

図表1－(5)　経営分析表

S社

	項目	期	20期	21期	22期	業界平均
収益性	総資本経常利益率（①×②）		5.1%	5.0%	4.9%	5.9%
	①売上高経常利益率		3.9%	4.2%	4.2%	3.8%
	②総資本回転率		1.3回	1.2回	1.2回	1.6回
	①の展開	売上高総利益率	25.2%	25.0%	24.9%	18.5%
		売上高営業利益率	7.5%	7.5%	7.4%	5.4%
		売上高経常利益率	3.9%	4.2%	4.2%	3.8%
	②の展開	売上債権回転率	3.2回	2.9回	3.1回	5.2回
		棚卸資産回転率	8.7回	7.3回	8.3回	──
		固定資産回転率	3.0回	2.9回	2.5回	3.1回
参考	買入債務回転率		4.8回	4.6回	4.6回	6.1回
健全性	自己資本比率		10.9%	11.5%	12.4%	33.6%
	流動比率		108.3%	125.6%	113.8%	145.6%
	当座比率		79.2%	90.2%	82.7%	121.3%
	固定比率		409.6%	356.9%	381.3%	183.8%
	固定長期適合率		91.3%	77.3%	88.2%	97.1%
成長性〈指数〉	売上高		100	102	112	──
	売上総利益		100	101	110	──
	営業利益		100	102	110	──
	経常利益		100	112	122	──
	総資本		100	116	127	──
	自己資本		100	122	146	──
	固定資産		100	107	136	──
	従業員数		100	99	95	──
その他	インタレスト・カバレッジ・レシオ		1.9倍	2.1倍	2.3倍	──
	売上高純金利負担率		0.4%	0.3%	0.3%	──
	手許流動性比率		2.1倍	2.3倍	1.8倍	──
	総資本対借入金比率		52.4%	52.7%	51.7%	──

図表1－(6) 損益分岐点分析表

S社　　　　　　　　　　　　　　　　　　　　　　（単位：百万円）

項目		20期	21期	22期	
売上高　　　　　　（イ）		1,529	1,557	1,714	
変動費	原材料費	357	366	358	
	外注費	419	445	528	
	荷造運賃費	10	11	11	
	動力費	14	15	13	
	期首、期末在庫の差	12	－21	1	
	変動費合計　　（ロ）	812	816	911	
	変動費比率　（(ロ)÷(イ)）×100	53.1%	52.4%	53.2%	業界平均　54.5%
限界利益　　　　　　（ハ）		717	741	803	
限界利益率（ニ）　（(ハ)÷(イ)）×100		46.9%	47.6%	46.8%	
固定費	人件費　　　　　（ホ）	434	444	478	
	減価償却費	30	32	35	
	その他工場経費　（ヘ）	67	92	98	
	その他販管費　　（ト）	71	56	65	
	純金融費用　　　（チ）	59	52	52	
	その他費用	－3	－1	3	
	固定費合計　　（リ）	658	675	731	
	固定費比率　（(リ)÷(イ)）×100	43.0%	43.4%	42.6%	業界平均　41.8%
経常利益　（(イ)－(ロ)－(リ)）		59	66	72	
損益分岐点売上高　（ヌ）　（(リ)÷(ニ)）		1,403	1,418	1,562	
損益分岐点比率　（ル）　（(ヌ)÷(イ)）×100		91.8%	91.1%	91.1%	業界平均　91.7%

作成方法
1．損益分岐点を計算するには、その企業において発生する全ての費用を変動費か固定費のいずれかに分けなければならない。費用の区分の方法にはいくつかの方法があるが、ここでは最も実務的な方法として、勘定科目法を採用している。
　　勘定科目法は一つひとつの費用の性格をみて勘定科目毎に変動費と固定費に区分する方法である。
2．変動費の中の「期首、期末在庫の差」は仕掛品と製品の期中増減額のことで、全て変動費としている。
3．「その他費用」のマイナスは、営業外収益と営業外費用のうち純金融費用を控除した後に営業外収益が発生する場合、マイナスの固定費として固定費をその額だけ圧縮する。

事例1　製造業　増加運転資金

図表1−(7)　付加価値分析表

S社　　　　　　　　　　　　　　　　　　　　　　　　　　（単位：百万円）

項目 \ 決算期		20期	21期	22期
売　上　高		1,529	1,557	1,714
付加価値	人件費	434	444	478
	販管費	188	204	221
	製造原価報告書	246	240	257
	賃借料	47	42	46
	租税公課	3	5	6
	減価償却費	30	32	35
	金融費用	65	59	59
	経常利益	59	66	72
	合　計	638	648	696
（付加価値）労働生産性		6,444千円	6,612千円	7,404千円
付加価値率		41.7%	41.6%	40.6%
労働装備率		3,909千円	4,071千円	5,521千円
有形固定資産回転率		4.0回	3.9回	3.3回
労働分配率		68.0%	68.5%	68.7%
従業員一人当り人件費		4,384千円	4,531千円	5,085千円
従業員一人当り売上高		15,444千円	15,888千円	18,234千円
期中人員		99人	98人	94人

付加価値の計算は日銀方式による

図表1-(8) 資金運用表
（自20期～至21期）

S社

短 期 面　　　　　　　　　　　　　　　　　　　　　　　　　　　　　（単位：百万円）

運　用		調　達	
科　目	金　額	科　目	金　額
売上債権	58	買入債務	26
受取手形	49	支払手形	6
売掛金	9	買掛金	20
棚卸資産	37	その他流動負債	18
その他流動資産	13		
小　計	108	小　計	44
減少運転資金		増加運転資金	64
合　計	108	合　計	108

長 期 面

運　用		調　達	
科　目	金　額	科　目	金　額
決算資金	35	自己資金	76
配当金	10	当期純利益	38
法人税等支払額	25	有形固定資産減価償却費	32
固定資産投資	66	貸倒引当金	1
有形固定資産	44	退職給付引当金	5
無形固定資産	0	法人税等留保分	30
投資その他の資産	22		
小　計	101	小　計	106
長期面余裕	5	長期面不足	
合　計	106	合　計	106

総 合 面

運　用		調　達	
科　目	金　額	科　目	金　額
増加運転資金	64	長期面余裕	5
短期借入金返済	15	長期借入金	112
割引手形の減少	2		
現金預金の増加	36		
合　計	117	合　計	117

図表1－(9) 資金運用表
(自21期～至22期)

S社
短期面
(単位：百万円)

運　用		調　達	
科　目	金　額	科　目	金　額
売上債権	20	買入債務	31
受取手形	－9	支払手形	21
売掛金	29	買掛金	10
棚卸資産	－6	その他流動負債	15
その他流動資産	－5		
小　　計	9	小　　計	46
減少運転資金	37	増加運転資金	
合　　計	46	合　　計	46

長期面

運　用		調　達	
科　目	金　額	科　目	金　額
決算資金	41	自己資金	77
配当金	10	当期純利益	39
法人税等支払額	31	有形固定資産減価償却費	35
固定資産投資	183	貸倒引当金	0
有形固定資産	155	退職給付引当金	3
無形固定資産	0	法人税等留保分	30
投資その他の資産	28		
小　　計	224	小　　計	107
長期面余裕		長期面不足	117
合　　計	224	合　　計	224

総合面

運　用		調　達	
科　目	金　額	科　目	金　額
長期面不足	117	減少運転資金	37
割引手形の減少	14	長期借入金	49
		短期借入金	6
		現金預金の減少	39
合　　計	131	合　　計	131

図表1-(10) 資金移動表

S社 (単位：百万円)

項目		決算期	21期	22期
経常収支	経常収入	売上高	1,557	1,714
		営業外収益	8	9
		(-) 売上債権の増加	-58	-20
		(+) 前受金の増加		
		(-) 未収収益の増加		
		(+) 前受収益の増加		
		(-) その他流動資産の増加	-13	5
		合　計	1,494	1,708
		(対売上高比)	96.0%	99.7%
	経常支出	売上原価	1,168	1,288
		販売費及び一般管理費	272	299
		営業外費用	59	64
		(+) 棚卸資産の増加	37	-6
		(-) 買入債務の増加	-26	-31
		(+) 前払費用の増加		
		(-) 未払費用の増加		
		(+) 前渡金の増加		
		(-) 減価償却費	-32	-35
		(-) 引当金の増加	-6	-3
		(-) その他流動負債の増加	-18	-15
		合　計	1,454	1,561
		(対売上高比)	93.4%	91.1%
		経常収支過不足	40	147
		(経常収支比率)	102.8%	109.4%
経常外収支	設備関係等収支	特別利益	4	5
		特別損失	2	8
		合　計	2	-3
		(+) 有形固定資産の増加	44	155
		(+) 無形固定資産の増加	0	0
		(+) 投資その他の資産の増加	22	28
		(+) 繰延資産の増加		
		(-) その他固定負債の増加		
		合　計	66	183
		設備関係等収支過不足	-64	-186
	決算収支	法人税等支払額	25	31
		配当金	10	10
		合　計	35	41
		決算収支過不足	-35	-41
	財務収支	(+) 長期借入金の増加	112	49
		(+) 短期借入金の増加	-15	6
		(+) 割引手形の増加	-2	-14
		増資等		
		合　計	95	41
		財務収支過不足	95	41
		現金預金増減	36	-39

事例1　製造業　増加運転資金

図表1-(11)　銀行別借入明細表

S社

		融資シェア			
		第22期	(実績)	第23期	(見込)
		残高 (百万円)	%	残高 (百万円)	%
当行	商手	172		172	
	短期	77		97	
	長期	241		241	
(うち短期)		(249)	(59.4)	(269)	(59.9)
計		490	48.6	510	49.1
A行	商手	81		81	
	短期	47		57	
	長期	161		161	
(うち短期)		(128)	(30.6)	(138)	(30.7)
計		289	28.6	299	28.8
その他	商手	0		0	
	短期	42		42	
	長期	188		188	
(うち短期)		(42)	(10.0)	(42)	(9.4)
計		230	22.8	230	22.1
合計	商手	253		253	
	短期	166		196	
	長期	590		590	
(うち短期)		(419)	(100)	(449)	(100)
計		1,009	100	1,039	100

各行分担	
申込額 (百万円)	%
20	
(20)	(66.7)
20	66.7
10	
(10)	(33.3)
10	33.3
0	(0)
0	0
30	100
(30)	(100)
30	100

●当行総与信と引当担保状況

（単位：百万円）

総与信		
	第22期 (残高)	第23期 (計画)
商手	172	172
短期	77	97
長期	241	241
合計(A)	490	510

引当担保	
種類	第23期 (残高)
不動産（根）	500
合計(B)	500
23期(B)-(A)	-10

2 与信判断

① 業界動向と当該企業の位置づけ

① ネジ製造業の範囲・製品

ネジ製造業は、日本標準産業分類2481に含まれるボルト・ナット・リベット・小ネジ・木ネジ等を製造する業である。

ボルト・ナット等の締結部品を総称する「産業用ファスナー」(Industrial Fastener)または「ファスナー」はわが国でも定着している。

ネジ製造業が製造する締結部品は、機械類、構築物の締結に使用される、重要かつ不可欠の基礎部品である。

需要産業は輸送機械、電子・電気機械、工作機械、産業機械、一般機械、精密機械、土木・建築等、極めて広範囲にわたっている。

ネジ製品の品質は使用される機械類、構築物の品質、性能、安全性に大きく影響する。このため、需要産業からのネジ製品の品質に対する要求は厳しさを増している。

② 業界構造

最近の工業統計表によると「ボルト・ナット・リベット・小ネジ・木ネジ等の製造業」で従業員規模別の事業所数をみると、99.6％が従業員300人未満の事業所であり、10人未満事業所76.9％、100人未満事業所98.2％と中小・零細規模の事業所が大半を占めている。

ネジ製造業は、かなり全国的に分布しているが、関東地区、関西地区、東海地区に集中している。

③ 最近の経営環境

ネジ製造業を取り巻く経営環境は、産業の空洞化、国際化の急速な進展、及びアジア諸国の急成長による国際的競争の激化、需要者ニーズの高度化等により大きく変化しており、製品の品質向上、高付加価値化、安全性、コストの低減、経営の合理化等、多くの課題が山積している。

そのような環境にあって自動車メーカーは、国内、海外需要を背景に

業績は堅調に推移している。自動車部品メーカーも大手自動車メーカーからの受注増により、概ね無難な業績をあげている。しかし、このような状況にあっても、高品質化、短納期化、コスト削減要求など厳しい経営努力が求められている。

　④　当該企業の状況

ネジ業界の最近の経営環境の中にあって、Ｓ社は技術力、品質、工程管理に優れ、コスト削減努力の継続により受注先の大手自動車メーカー数社から安定的な受注を獲得している。今期も受注先の大手自動車メーカーの国内販売、輸出堅調を背景に増収傾向を維持、売上高も対前年比８％増の約1,850百万円の見込みである。

◈２ 財務・資金分析による企業内容の検討

　Ｓ社の経営分析表、資金表等から財務、資金分析を行い、企業内容を把握すると次のようになる。

(1) 収益性分析 （図表1－(5)参照）

　①　総資本経常利益率

　収益性をみる総合指標である総資本経常利益率は過去３年間平均5.0％で、業界平均（黒字企業のみ対象、以下同様）最近３カ年平均5.9％をやや下回っているが、まずまずの収益性水準を維持、かつ安定している。

　②　第一次展開（総資本経常利益率を売上高経常利益率（利幅面）と
　　　総資本回転率（回転、効率面）に展開）

　イ．売上高経常利益率

　　　売上高経常利益率は過去３カ年平均4.1％で、業績平均の3.8％に比べてやや収益性は優れ、かつ安定的に利幅を確保している。

　ロ．総資本回転率

　　　総資本回転率は過去３カ年平均1.2回で、業界平均1.6回を下回り、回転、効率面ではやや問題がある。

　③　第二次展開（売上高経常利益率と総資本回転率の展開）

　イ．売上高経常利益率の展開

a．売上高総利益率
　　　　売上高総利益率は過去3カ年平均25.0％で業界平均18.5％を大幅に上回り、最終利益を確保するのに十分な水準を維持している。しかし、取引先からのコストダウン要請が強く、時系列的には低下傾向にある。
　　　b．売上高営業利益率
　　　　売上高営業利益率は過去3カ年平均7.5％で業界平均の5.4％を上回っている。これは、売上高総利益率が高いことが寄与している。
　ロ．総資本回転率の展開
　　　a．売上債権回転率
　　　　売上代金の回収速度を表す売上債権回転率は、過去3カ年平均3.1回で業界平均5.2回を下回る。
　　　b．棚卸資産回転率
　　　　棚卸資産回転率は過去3カ年平均8.1回であり、ほぼ標準並と思われるが、仕掛品の棚卸高がやや多いように見受けられる。
　　　c．固定資産回転率
　　　　固定資産回転率は過去3カ年平均2.8回で業界平均の3.1回よりやや低い水準である。競争力維持のため継続的な設備投資が必要なことから、時系列的には低下傾向にある。

【収益性まとめ】
　収益性はまずまず良好でかつ安定的に推移している。製品の競争力が強く、取引先のコストダウン要請が強いにもかかわらず、収益基盤は強い。しかし、時系列的にはわずかであるが収益性が低下ぎみであるので引続き効率化、合理化が必要である。

---

(2) 健全性分析 （図表1-(5)参照）
　① 自己資本比率
　健全性の中核指標である自己資本比率は、過去3カ年平均11.6％で業界平均33.6％を大幅に下回り脆弱である。しかし、毎年利益の内部留保

に努めており、時系列的には上昇傾向にある。

総資本に占める長短借入金の割合は、過去3カ年平均52.3％と高く借金体質になっている。引続き自己資本を充実し、借入金返済を促進し、財務体質の強化に努める必要がある。

② 流動比率、当座比率

短期支払能力をみる流動比率は過去3カ年平均115.9％で、業界平均145.6％と比較すると劣るが、一般的には普通並みの水準である。

直接的支払能力をみる当座比率は過去3カ年平均84.0％で、業界平均121.3％と比較すると劣るが、一般的には普通並みの水準である。

③ 固定比率、固定長期適合率

固定比率は過去3カ年平均382.6％と業界平均183.8％と比較して大幅に上回り、固定資産の大半が長期借入金等の固定負債で賄われていることを表している。ただし、日本の企業の大半は固定比率が100％を超えており、この指標のみで設備投資過大、借入過大と短絡的に判断することはできない。

そのため、日本では固定比率にかわる日本的指標として、固定長期適合率がよく使われる。固定長期適合率は過去3カ年平均85.6％で業界平均97.1％より良好である。すなわち固定資産は自己資本と固定負債では十分に賄われており、長期面の健全性は保たれている。これは固定資産が自己資本と長期借入金で調達できているためである。

④ インタレスト・カバレッジ・レシオ

インタレスト・カバレッジ・レシオは過去3カ年平均2.1倍であり、金利支払能力はまずまずあるとみなされる。

【健全性まとめ】
大半の指標が業界平均より劣り、健全性は脆弱である。自己資本の増強を必要とする。

(3) 成長性分析（指数分析）（図表1－(5)参照）

① 売上高

売上高は20期と比較して21期、22期とも増加となっており、特に22期

は大幅増加となった。

　② 利益指数・資本指数

　利益指数、資本指数ともに売上高の伸びにほぼ比例、またはそれ以上に伸びており、バランスの良い業容拡大が図られている。22期の固定資産の伸びが大きいが、これは将来の受注増加に対する先行投資なので問題はない。

　③ 従業員数

　従業員数は減少ぎみに推移しており、少数精鋭による効率化、合理化がはかられているとみなされる。

【成長性まとめ】
　売上高の伸びは妥当であり、その他の指数も売上高に対してバランスよく伸びている。

(4) 損益分岐点分析 （図表1－(6)参照）

　① 最近の概況

　22期は経常利益72百万円計上し、損益分岐点は1,562百万円（月商ベース130百万円）であった。売上高対比でみる損益分岐点比率は91.1％となる。

　② 損益分岐点比率

　企業の収益構造をみる指標である損益分岐点比率は過去3カ年平均91.3％で、業界平均（資料の制約上、製造業平均でみている。以下同様）91.7％とほぼ同一水準である。90％は超えているのが普通の収益構造からやや危険領域へ入りつつある収益構造とみなされる。

　③ 変動費比率、固定費比率

　イ．変動費比率は過去3カ年平均で52.9％で、業界平均54.5％と比べてやや低い。変動費のうち原材料費と外注費で大半の97.3％を占める

　ロ．固定費比率は過去3年間で平均43.0％で、業界平均41.8％に比べてやや高めである。特に固定費に占める人件費の割合は65.4％と大半を占めている

> 【損益分岐点分析まとめ】
>
> 　損益分岐点比率は90％を超えており収益構造上、普通からやや危険領域に入りつつあるが、特に問題視する水準ではない。損益分岐点からみた今後の収益構造改善策としては高い固定費比率を低下させることであり、人件費における人員と給与水準の見直し、工場経費、およびその他経費の削減である。
>
> 　変動費では原材料費、外注費の見直しを検討する必要がある。

(5) 付加価値分析（生産性分析）（図表1-(7)参照）

① 付加価値労働生産性

　従業員一人当りの付加価値額を表す付加価値労働生産性は、時系列的に順調に増加しており、22期は7,404千円となり、付加価値労働生産性は向上している。

　この要因は、従業員一人当りに換算するとどれほどの設備をもっているかを示す労働装備率が向上したことである。一般に機械化、合理化投資を積極的に行い、生産設備を充実し省人化を図ると生産性は向上する。

　一方、売上高に占める付加価値の割合である付加価値率や有形固定資産回転率は低下傾向にある。

　要するに、少数精鋭で積極的に設備投資を行い、売上高を増加させたことが生産性の向上につながっているといえよう。

② 労働分配率

　付加価値は、企業の生産活動や販売活動により新しく生み出した成果であり、これはその構成要素に分配される。付加価値に占める人件費の割合を労働分配率という。S社の労働分配率は過去3カ年平均で68.4％である。これは一般的にいってやや高い水準であるといえよう。

③ 従業員一人当り人件費

　22期の従業員一人当り人件費は5,085千円で、21期比554千円の増加となった。これは、平均年齢不詳なるも世間水準と比較して高いといえよう。なお、従業員数は減少しており、少数精鋭により一人当りの人件費が高くなっている。

【付加価値分析まとめ】
　機械化、合理化投資と省人化により、付加価値労働生産性は向上したが、労働分配率が高く、利益計上が不十分である。引続き売上高の増大を図るとともに、付加価値率や有形固定資産回転率の向上に努める必要がある。

(6) 資金分析

① 資金運用表分析（資金の運用、調達状況から運転資金や設備資金等の適否をみる）

＜21期＞（図表1－(8)参照）

　イ．短期面

　　売上高増加と売上債権の回収遅延により、売上債権が58百万円増加したほか、棚卸資産が37百万円増加した。一方、買入債務は26百万円の増加となり、運転資金が69百万円不足となった。

　　その他流動資産は13百万円増加、その他流動負債は18百万円の増加となった。そのため全体で64百万円の増加運転資金が発生した。

　ロ．長期面

　　決算資金35百万円、固定資産投資66百万円は、自己資金76百万円、法人税等留保分（P/Lの法人税等）30百万円で充当し、差額5百万円が長期面の余裕となった。

　ハ．総合面

　　増加運転資金64百万円は、長期面の余裕5百万円と長期借入金112百万円の一部にて賄い、残額で短期借入金の返済15百万円、割引手形の減少2百万円を賄い、最終的には現金預金が36百万円の増加となった。特に運用、調達面では問題ない。

＜22期＞（図表1－(9)参照）

　イ．短期面

　　売上高は大幅増加となったが、売上債権は回収促進により20百万円の増加にとどまり、棚卸資産は6百万円の減少となった。一方、買入債務は31百万円の増加となり、運転資金面では17百万円の余裕

が発生した。

　　その他流動資産は5百万円の減少、その他流動負債は15百万円の増加となり、短期面全体で37百万円の減少運転資金が発生した。
ロ．長期面

　　決算資金41百万円は法人税等留保分30百万円と自己資金77百万円の一部で調達した。設備等の固定資産投資183百万円は残額の自己資金で全て調達できず、117百万円の長期面の不足となった。
ハ．総合面

　　長期面の不足117百万円と手形割引14百万円の減少は、長期借入金49百万円、短期借入金6百万円、運転資金の余裕分37百万円で賄いきれず、現預金39百万円を取り崩して賄った。

　　長期面の不足は主として設備投資等によるものであり、一部を運転資金の余裕分で調達しており、調達の方法にやや問題がある。長期借入金等で調達するのが好ましい。

【資金分析まとめ】
　概ね運用、調達状況は問題ないが、設備資金の一部、調達方法に問題が発生している。

② 資金移動表分析（1年間の現金の収支状況をみて、資金繰りの健全度や倒産危険度を把握する）

＜21期＞（図表1－(10)参照）
イ．経常収支

　　経常収入面では、売上高1,557百万円計上するも、売上債権が58百万円増加したことを主因に経常収入は1,494百万円と売上高を63百万円下回った。

　　経常支出面では、売上原価1,168百万円、販管費272百万円、営業外費用59百万円、合計1,499百万円計上するも買入債務の増加26百万円、減価償却費32百万円等により経常支出は1,454百万円にとどまった。そのため、経常収支は40百万円の収入超過となり、経常収支比率は102.8％と無難に推移した。

ロ．経常外収支

　経常外収支面では、設備関係等収支の支出超過64百万円、決算収支の支出超過35百万円、合計で99百万円の支出超過となった。一方、財務収支は長期借入金の増加112百万円の増加を主因に95百万円の収入超過となった。

ハ．総合見解

　設備関係等及び決算収支の支出超過99百万円は、経常収支の収入超過40百万円と財務収支の収入超過95百万円で充当し、残額36百万円が現金預金の増加となった。したがって、資金収支上、特に問題はない。

経常収支	＋ 40百万円	設備関係等収支	△64百万円
財務収支	＋ 95百万円	決算収支	△35百万円
小　計（A）	＋135百万円	小　計（B）	△99百万円

（A）－（B）＝＋36百万円（現金預金の増減）

＜22期＞（図表1－(10)参照）

イ．経常収支

　経常収入面では、売上高1,714百万円にほぼ匹敵する経常収入1,708百万円を計上した。

　経常支出面では、売上原価1,288百万円、販管費299百万円、営業外費用64百万円、合計1,651百万円計上するも買入債務の増加31百万円、減価償却費35百万円等により経常支出は1,561百万円にとどまった。そのため、経常収支は147百万円の大幅収入超過となり、経常収支比率は109.4％と極めて良好であった。

ロ．経常外収支

　設備関係等収支は、設備投資等により有形固定資産が155百万円増加したのを主因に、設備関係等支出超過は186百万円となった。決算収支は法人税等、その他の支払いにより41百万円の支出超過となった。

　一方、財務収支は長期借入金の増加49百万円等により全体で41百万円の収入超過となった。

ハ．総合面

設備関係等収支の支出超過186百万円と決算収支の支出超過41百万円、合計227百万円は、経常収支の収入超過147百万円と財務収支の収入超過41百万円、合計188百万円で賄いきれず、現金預金を39百万円取り崩して充当した。

設備関係等の支出超過分の一部を現金預金を取り崩し充当しているが、一時的なものであれば特に問題視することはない。

経常収支	＋147百万円	設備関係等収支	△186百万円
財務収支	＋ 41百万円	決算収支	△ 41百万円
小　計（A）	＋188百万円	小　計（B）	△227百万円

（A）−（B）＝△39百万円（現金預金の増減）

【資金移動表まとめ】
設備関係等収支の支出超過分（主として設備投資に起因）の過半を財務収支の収入超過分（主として長期借入金）で賄っているが、経常収支比率はまずまず良好で、資金繰り状況は特に問題ないと思われる。

③ 23期の利益計画

23期の利益計画を損益分岐点方式により策定すると次の通りとなる。

<u>前提</u>

① 「売上高」は、大手自動車メーカーD社の受注増加を主因に対前年比8％増の約1,850百万円を見込む
② 「人件費」は、定昇分2％増加、および受注強化のため営業マン2名増員による人件費20百万円の増加を見込む。それ以外の従業員の増減はない
③ 「減価償却費」は、22期（前期）設備増強により対前年比18百万円の増加となる
④ 「その他工場経費」は、生産増強により対前年比2％増加を見込む
⑤ 「その他販管費」は、受注増強策等に伴う経費増加により、対前

図表1－(12)　23期予想損益分岐点計算表

(単位：百万円)

項目		22期（実績）	23期（予想）
売上高　　　　　　（イ）		1,714	1,850
変動費	原材料費	358	389
	外注費	528	578
	荷造運賃費	11	12
	動力費	13	14
	期首、期末在庫の差	1	－11
	変動費合計　　（ロ）	911	982
	変動費比率 ((ロ)÷(イ))×100	53.2%	53.1%
限界利益　　　　　（ハ）		803	868
限界利益率　　　　（ニ） ((ハ)÷(イ))×100		46.8%	46.9%
固定費	人件費　　　　（ホ）	478	498
	減価償却費（工場）	33	51
	（営業）	2	2
	その他工場経費　（ヘ）	98	100
	その他販管費　（ト）	65	68
	純金融費用　　（チ）	52	57
	その他費用	3	3
	固定費合計　　（リ）	731	779
	固定費比率 ((リ)÷(イ))×100	42.6%	42.1%
経常利益 ((イ)－(ロ)－(リ))		72	89
特別利益		5	5
特別損失		8	8
税引前当期純利益		69	86
法人税等		30	39
当期純利益		39	47
損益分岐点売上高（ヌ） ((リ)÷(ニ))		1,562	1,661
損益分岐点比率　　（ル） ((ヌ)÷(イ))×100		91.1%	89.8%

年比5％弱の増加を見込む
⑥ 「金融費用」は、金利が低下傾向にあるが、22期の設備投資増加分の影響と23期増加運転資金の借入増加を見込み、対前年比5百万円の増加を見込む
⑦ 「その他固定費」は、前期と変らないものとする
⑧ 「特別利益、特別損失」は、前期並とする
⑨ 「法人税等」の実効税率は、45％とする

図表1－(12)の23期の利益計画においては、売上高は対前年比136百万円の増加（8％の増収）の1,850百万円、経常利益は対前年比17百万円増加（23.6％増加）の89百万円の見込みである。この要因は原材料費、外注費の価格が安定的に推移する見通しであり、一方、固定費は対前年比48百万円増加となるも、増収効果により吸収できるためである。損益分岐点比率も89.8％とわずかであるが90％を割り込み、収益構造が強化される見通しである。引続き堅調な業容拡大が期待できる。

④ 予想損益計算書の作成

前項では、損益分岐点方式により23期の利益計画を策定したが、後述の資料作成のため、これを組み替えることによって23期の予想損益計算書を作成する（図表1－(13)参照）。

⑤ 増加運転資金の算定の根拠

利益計画が策定できると、次に本件の主目的である増加運転資金を算出し、前述の申込事情の増加運転資金の算出根拠が妥当かどうか検証する。増加運転資金は回転期間方式により次の手順で算出する。

(1) 実績回転期間（22期）の算出
(2) 予想勘定科目残高（23期予想）の算出
(3) 増加運転資金の算出

(1) 実績回転期間（22期）の算出
① 費消額（実績）の算出
費消額とは、勘定科目に対応する（月平均の）費消したり回収したり

図表1-(13)　23期予想損益計算書

(単位：百万円)

項　　目	23期(予想)
売上高	1,850
売上原価	1,383
期首製品棚卸高	35
当期製品製造原価※	1,385
期末製品棚卸高(－)	37
売上総利益	467
販売費及び一般管理費	318
うち人件費	236
営業利益	149
営業外収益	9
うち受取利息・配当金	7
営業外費用	69
うち支払利息・割引料	64
経常利益	89
特別利益	5
特別損失	8
税引前当期純利益	86
法人税等	39
当期純利益	47

(注)配当金　　　　　　　10

```
※  原材料費           389
    労務費             262
    経費               743
      うち外注費       578
    当期総製造費用   1,394
    期首仕掛品棚卸高   126
      合　計         1,520
    期末仕掛品棚卸高   135
    当期製品製造原価 1,385
```

するフローの額をいう。一般に、金融機関等では費消額を月商として増加運転資金を算出することがあるが、これはあくまで便宜手段であって正確な計算方法ではない。正確を期するならば、

$$回転期間 = \frac{勘定科目残高}{(月)費消額}$$

で算出するのが正しい。この算式で分子と分母を正しく対応させることにより、正確な回転期間を求めることができる。

各勘定科目の費消額は次の通りである。

費消額

科　　　目	費消額（月当り）
受 取 手 形	売上高
売 掛 金	売上高
製 　 品	売上原価
原 材 料	原材料費
仕 掛 品	（原材料費＋製造原価）÷2
支 払 手 形	原材料費
買 掛 金	原材料費

受取手形、売掛金は売上代金の回収に対応するものなので、費消額は月当り売上高（月商）となる。製品の費消額は出荷高のことなので月当り売上原価となる。原材料は倉庫にある限りは棚卸資産であるが、倉庫から払い出され生産工程に組み入れられると原材料費という費用となるので、原材料の費消額は払出高である月当り原材料費となる。仕掛品は原材料が生産工程に投入され、製品が完成するまでのちょうど中間まで生産が完了したものとみなし、インプットである原材料費とアウトプットである製造原価を加えて2で割ったものが費消額となる。さらに12カ月で割ったものが月費消額となる。支払手形、買掛金は仕入原材料費に対して支払われるので、費消額は月当り原材料費となる。

以上により実績の月費消額を算出することができる。

実績費消額

（単位：百万円）

科　　　目	費消額（月当り）	22期(実績)
受 取 手 形	売上高	143
売 掛 金	売上高	143
製 　 品	売上原価	107
原 材 料	原材料費	30
仕 掛 品	（原材料費＋製造原価）÷2	69
支 払 手 形	原材料費	30
買 掛 金	原材料費	30

② 回転期間（実績）の算出

月費消額が算出できると、回転期間（実績）は下記算式により算出できる。

回転期間＝勘定科目残高÷月費消額

図表1-(14)の22期実績の回転期間を参照されたい。

(2) 予想勘定科目残高（23期）の算出

① 費消額（予想）の算出

23期の利益計画から予想費消額を算出すると次の通りである。

費消額

（単位：百万円）

科　　　目	費消額（月当り）	23期（予想）
受 取 手 形	売上高	154
売　掛　金	売上高	154
製　　　品	売上原価	115
原　材　料	原材料費	32
仕　掛　品	（原材料費＋製造原価）÷2	74
支 払 手 形	原材料費	32
買　掛　金	原材料費	32

売上高　　1,850百万円÷12カ月＝154百万円

売上原価　1,383百万円÷12カ月＝115百万円

原材料費　 389百万円÷12カ月＝32百万円

（原材料費＋製造原価※）÷2＝(32百万円＋115百万円)÷2＝74百万円

　　　※（製造原価＝1,385百万円÷12カ月＝115百万円）

② 予想勘定科目残高の算出

23期は既存取引先の売上増加による増加運転資金の発生によるものであり、予想回転期間は22期実績回転期間と変化なしとして算出した（図表1-(14)参照）。

予想勘定科目残高＝予想月費消額×予想回転期間

(3) 増加運転資金の算出

図表1-(14)の運転資金内訳表の各勘定科目の23期予想残高から22期実績残高を差し引き、その金額を図表1-(15)の増加運転資金内訳表に運用、調達に区分し記入する。運用欄の金額が調達欄の金額を上回った

図表1-(14)　運転資金内訳表　　　　　　　　　　（単位：百万円、月）

	22期（実績）			23期（予想）		
	残高	回転期間	費消額	残高	回転期間	費消額
売上債権	549			592		
受取手形	322	2.25	143	347	2.25	154
売掛金	227	1.59	143	245	1.59	154
棚卸資産	207			221		
製品	35	0.33	107	37	0.32	115
原材料	46	1.53	30	49	1.53	32
仕掛品	126	1.83	69	135	1.82	74
買入債務	373			397		
支払手形	306	10.20	30	326	10.19	32
買掛金	67	2.2)	30	71	2.22	32

図表1-(15)　増加運転資金内訳表

運用		調達	
受取手形	25	支払手形	20
売掛金	18	買掛金	4
製品	2		
仕掛品	9		
原材料	3		
合計(A)	57	合計(B)	24

増加運転資金＝(A)-(B)＝33百万円

場合は、その差額が増加運転資金となる。

S社の23期の増加運転資金は33百万円となる見込みである。

(4) 増加運転資金の妥当性

S社が試算した23期の増加運転資金所要額30百万円と当行にて算出した増加運転資金33百万円はほぼ一致した。今回の増加運転資金は売上増加に伴うものであり、ほぼ妥当であると判断できる。

◇6◇ 23期予想貸借対照表の作成

前述の23期利益計画および増加運転資金予想と下記の資料から23期の予想貸借対照表を作成し、S社の財務健全性を検証することとする（図表1-(16)参照）。

前提

① 利益修正項目

　　減価償却費　53百万円（工場減価償却費51百万円、営業減価償却費2百万円）

　　退職給付引当金　22期比3百万円増加

　　貸倒引当金　22期比2百万円増加

② 設備関連　今期は新規設備投資の予定はない

③ 現金預金　22期比41百万円の増加

④ 決算関係資金　図表1-(1)より22期の配当金は10百万円

⑤ 短期借入金　単名借入30百万円のみ増加

⑥ 長期借入金　既存長期借入金返済66百万円のみ減少

⑦ 23期の法人税等の支払い（予想）は27百万円である

⑧ 上記以外は22期と変動なし

図表1-(16)　23期予想貸借対照表　　　　　　　　　（単位：百万円）

資　産	22期(実績)	23期(予想)	負債・純資産	22期(実績)	23期(予想)
流動資産	764	857	流動負債	671	737
現金預金	263	304	支払手形	306	326
受取手形	69	91	買掛金	67	71
売掛金	227	245	短期借入金	166	196
製品	35	37	未払法人税等	7	19
原材料	46	49			
仕掛品	126	135	その他流動負債	125	125
その他流動資産	3	3	固定負債	605	542
貸倒引当金	-5	-7	長期借入金	590	524
固定資産	694	641	退職給付引当金	15	18
有形固定資産	519	466	負債合計	1,276	1,279
無形固定資産	1	1	資本金	30	30
投資その他の資産	174	174	資本剰余金		
			利益剰余金	152	189
			利益準備金	6	7
			その他利益剰余金	146	182
			任意積立金	94	119
			繰越利益剰余金	52	63
			純資産合計	182	219
資産合計	1,458	1,498	負債・純資産合計	1,458	1,498
			割引手形	253	256

事例1　製造業　増加運転資金

23期予想貸借対照表から健全性分析を行うと次のようなことがいえよう。

（参考）健全性分析表

	22期(実績)	23期(予想)	23期−22期
自己資本比率	12.5%	14.6%	2.1%
流動比率	113.8%	116.3%	2.5%
当座比率	82.6%	85.9%	3.3%
固定比率	381.3%	292.7%	−88.6%
固定長期適合率	88.2%	84.2%	−4.0%

当座比率＝(現金預金＋受取手形＋売掛金−貸倒引当金)÷流動負債

　自己資本比率は前年比2.1％増加の14.6％と大幅な改善となる。従来より、利益の内部留保強化により改善傾向にあったがさらに強化される。しかし、水準自体は未だ低いので引続き内部留保による自己資本増強が必要である。

　流動比率、当座比率は若干改善傾向となるが、水準は普通であり、当面の資金繰りは問題ない。

　固定比率は設備投資借入金の返済と内部留保強化による自己資本の増加により対前年比88.6％の大幅改善となるも、未だ水準は高く引続き改善が必要である。しかし、固定長期適合率は対前年比4.0％改善の84.2％となり健全性は維持しているので問題はない。

　以上から、23期の健全性は改善傾向にあり、本件融資の返済資源は十分あると思料される。

⑦ 予想資金運用表・予想資金移動表の作成

　増加運転資金の発生に伴う単名借入後の全社的観点からの資金状況を把握し、資金の運用、調達状況や資金繰りの健全性を評価するため、予想資金運用表、予想資金移動表を作成する。

（1）予想資金運用表の作成

　23期予想貸借対照表と22期実績貸借対照表から23期予想資金運用表を作成すると図表1−(17)のようになる。

　23期予想資金運用表から次のことがいえよう。

　短期面では売上高増加に伴う増加運転資金が33百万円発生する。

図表1-(17)　予想資金運用表

S社　　　　　　　　　　　　（自22期～至23期）

短期面　　　　　　　　　　　　　　　　　　　　　　　　　（単位：百万円）

運　用		調　達	
科　目	金　額	科　目	金　額
売上債権	43	買入債務	24
受取手形	25	支払手形	20
売掛金	18	買掛金	4
棚卸資産	14	その他流動負債	0
その他流動資産	0		
小　　計	57	小　　計	24
減少運転資金		増加運転資金	33
合　　計	57	合　　計	57

長期面

運　用		調　達	
科　目	金　額	科　目	金　額
決算資金	37	自己資金	105
配当金	10	当期純利益	47
法人税等支払額	27	有形固定資産減価償却費	53
固定資産投資	0	貸倒引当金	2
有形固定資産	0	退職給付引当金	3
無形固定資産	0	法人税等留保分	39
投資その他の資産	0		
小　　計	37	小　　計	144
長期面余裕	107	長期面不足	
合　　計	144	合　　計	144

総合面

運　用		調　達	
科　目	金　額	科　目	金　額
増加運転資金	33	長期面余裕	107
長期借入金の返済	66	短期借入金	30
現金預金の増加	41	割引手形の増加	3
合　　計	140	合　　計	140

事例1　製造業　増加運転資金

　長期面では決算資金37百万円は自己資金105百万円と法人税等留保分39百万円の一部で十分賄える。固定資産投資は今期計画していないので、残額107百万円が長期面の余裕となる。

　総合面では、増加運転資金33百万円は短期借入金30百万円（今回の単名融資分、当行20百万円、Ａ行10百万円）と割引手形3百万円で調達。一方、長期借入金の返済66百万円は長期面の余裕分107百万円（自己資金）の一部で賄い、残額は現金預金41百万円の増加となる。

　以上から23期の運用、調達状況は何ら問題はないといえよう。

(2) 予想資金移動表の作成

　資金繰表のバリエーションの一つである予想資金移動表を作成し、資金繰りの健全性を検討する。予想資金移動表は予想損益計算書と予想貸借対照表から作成できる。

　23期予想損益計算書と23期予想貸借対照表から予想資金移動表を作成すると、図表1－(18)のようになる。

　予想資金移動表から次のことがいえる。

① 経常収支

　経常収入面では、売上高1,850百万円計上するも売上債権の増加43百万円により、経常収入は売上高より少ない1,816百万円にとどまる。

　経常支出面では、売上原価1,383百万円、販管費318百万円、営業外費用69百万円、合計で1,770百万円計上するも買入債務の増加24百万円、減価償却費53百万円等により、経常支出は1,702百万円にとどまる。

　経常収支面では114百万円の収入超過となり、経常収支比率は106.7％と良好な収支状況にある。

② 経常外収支

　設備関係等収支面では、今期は設備投資が予定されていないので3百万円の支出超過にとどまる見通しである。

　決算関係収支面では、法人税等支払額27百万円と配当金10百万円の合計で37百万円の支出超過となる。

　財務収支面では、長期借入金の返済が66百万円あり、一方、増加運転資金の発生に伴う単名借入を30百万円予定しているが、全体では33百万

図表1-(18)　予想資金移動表

S社　　　　　　　　　　　　　　　　（単位：百万円）

項目			決算期	23期
経常収支	経常収入		売　上　高	1,850
			営　業　外　収　益	9
		（−）	売上債権の増加	−43
		（＋）	前受金の増加	
		（−）	未収収益の増加	
		（＋）	前受収益の増加	
		（−）	その他流動資産の増加	0
			合　　　　計	1,816
			（対売上高比）	98.2％
	経常支出		売　上　原　価	1,383
			販売費及び一般管理費	318
			営　業　外　費　用	69
		（＋）	棚卸資産の増加	14
		（−）	買入債務の増加	−24
		（＋）	前払費用の増加	
		（−）	未払費用の増加	
		（＋）	前渡金の増加	
		（−）	減価償却費	−53
		（−）	引当金の増加	−5
		（−）	その他流動負債の増加	0
			合　　　　計	1,702
			（対売上高比）	92.0％
			経　常　収　支　過　不　足	114
			（経常収支比率）	106.7％
経常外収支	設備関係等収支		特　別　利　益	5
			特　別　損　失	8
			合　　　　計	−3
		（＋）	有形固定資産の増加	0
		（＋）	無形固定資産の増加	0
		（＋）	投資その他資産の増加	0
		（＋）	繰延資産の増加	
		（−）	その他固定負債の増加	
			合　　　　計	0
			設備関係等収支過不足	−3
	決算収支		法　人　税　等　支　払　額	27
			配　　当　　金	10
			合　　　　計	37
			決　算　収　支　過　不　足	−37
	財務収支	（＋）	長期借入金の増加	−66
		（＋）	短期借入金の増加	30
		（＋）	割引手形の増加	3
			増　　資　　等	
			合　　　　計	−33
			財　務　収　支　過　不　足	−33
			現　金　預　金　増　減	41

円の支出超過となる。

③　総合見解

以上から、経常収支の収入超過分114百万円で設備関係等支出超過分3百万円、決算収支支出超過分37百万円、財務収支支出超過分33百万円の合計額73百万円を賄い、残額が現金預金41百万円の増加となる。資金収支状況は健全である。

経常収支　　＋114百万円	設備関係等収支　　△ 3百万円
	決算収支　　　　△37百万円
	財務収支　　　　△33百万円
小計（A）＋114百万円	小計（B）　　　△73百万円

（A）－（B）＝＋41百万円（現金預金の増減）

予想資金運用表、予想資金移動表からみて、資金の運用、調達状況、収支状況に何ら問題は見当たらず、返済資源も十分であるとみなされ融資実行に関しては懸念ないと判断できよう。

⟨8⟩ その他の検討事項

①　単名と割引の取扱いについて

増加運転資金所要額33百万円に対し、借入調達計画30百万円（当行単名20百万円、A行単名10百万円）はまず妥当と判断される。

受取手形の増加額が25百万円にとどまる見通しであることから、S社は単名借入を申込んできたが、当行分に限っては割引での対応も可能であると考えられる。しかし、S社にしてみると資金繰りの安全性をより確保していくためには、単名で調達したいとの要望であり、うなずけるものにて、今回は単名にて融資に応ずることとしたい。

②　分担率について

申込み通りに応じた場合、当行分担率は66.7％となり、前期末融資シェアの48.6％を上回ることになるが、限界ベース調達額がさほど多額ではないため、シェアアップは0.5％と僅かのアップに収まるので問題はない。

③ 担保について

単名20百万円の借入の申し出により、既存根担保より10百万円超過となるが、長期的にみてＳ社の将来性は大いに期待できること及び商手内容は大手自動車メーカー中心で信用面でまず問題ないことでもあり、申し出通り応諾することとしたい。

⑨ 企業の資質と将来性評価

当行はＳ社の主力行として永年良好な取引関係を維持しており、Ｓ社に関する多くの情報を入手しているが、今般の増加運転資金支援を機にＢ社の企業資質と将来性の評価を行った。

(1) 経営ビジョン

> 自動車産業の需要拡大による受注機会の増加を事業規模拡大の絶好のチャンスとしてとらえ、輸送機器の締結部品であるネジ製造業者として顧客の高度のニーズに応えるとともに魅力ある新製品を提案することにより、業界のリーダー企業を目指す。

(2) 内部・外部環境分析

① 内部環境分析

強み	経営資源	弱み
・年齢が比較的若い ・職場内人間関係がよい ・人的生産性は高い	人	・若年リーダーが不足 ・企画、提案営業力不足 ・マーケティング知識が低い
・デジタル環境が整備 　(インターネット、イントラネット) ・ＬＡＮシステムによる受注システム ・最新機械の導入 　(自動ナット盤、フリクションプレス機)	設備	・最新機械の導入あるも老朽化機械も多い ・工場の労働環境の未整備 ・福利厚生施設がない ・工場の分散、社屋の分散によりコミュニケーションが十分にとれない
・収益性はまず良好、かつ安定 ・銀行の信頼厚く、資金調達に不安はない ・社長個人資産あり	金 (財務)	・健全性は脆弱、自己資本の増強が必要 ・労働分配率が高い

② 外部環境分析

機　会	要　素	脅　威
・自動車産業の市場拡大（特にハイブリッド車等） ・非自動車分野（I.T.S事業、高度道路交通システム）の需要拡大による受注機会	市　場	・同業者の他産業から自動車産業への進出 ・中国等アジアからの進出
・品質、短納期に対応できる ・パートナーシップの要望がある	顧　客	・毎年の値下げ要請 ・同業者との価格競争 ・顧客の海外進出

(3) 基本戦略

① 営業力、技術力の強化による売上高増大
  ・提案営業力強化のため、営業マンスペシャリストのヘッドハンティング
    （23期に実行予定）
  ・営業と生産の連携強化
    （企画、提案営業力強化のため）
  ・データベースマーケティングによる既存顧客の深耕と新規開拓、及び他の成長期待分野への進出
  ・若手社員への集中的社内教育の実施
② 外注加工費の低減
  ・高性能機械の導入による外注の内製化
  ・相見積りによる適正外注単価の検討
③ 生産体制のさらなる効率化
  ・ラインバランスの改善
  ・段取時間の標準時間設定による段取作業の改善
  ・24時間生産体制の検討

(4) 経営陣

　Ｓ社は昭和62年、創業者（現会長）が会社設立以来、精力的に働き今日の地位を築いてきた。余裕資金があれば会社へ注ぎ込み設備

等を増強し、会社の発展のため精一杯の努力をしてきた。従業員も創業者（当時は社長）の真摯な態度に敬服しており、まじめに働いている。2年前に創業者は会長に就任し、創業者の長男が社長に就任、経営のバトンタッチを行った。しかしながら、創業者の時代の従業員もまだ多く残っており、会長の影響力も未だ大きく、実質的なバトンタッチはまだ不十分である。今後、新社長を中心とした経営陣の強化が課題となっている。

(5) 企業評価と将来性

　以上の経営ビジョン、内部・外部環境分析、基本戦略、経営陣から主力行としての企業評価と将来性に関するコメントは以下の通りである。

　① 経営戦略

　S社は規模こそ大きくはないが、自動車産業の部品メーカーとして厳しい品質管理やコスト削減要求に応えて今日の地位を築いてきた。そのため、経営戦略や方針は明確で、従業員はもちろんのこと、外部の利害関係者にもわかりやすい。また、経営戦略や方針を実現していく実行力は過去の実績からみても十分期待できるものである。

　② 存立基盤

　S社の取引形態は、完成車メーカーの傘下にあるいわゆる系列メーカーではなく、独立系の部品メーカーである。技術レベルが高く、特殊な製法により独自の製品を取り扱っており、取引も特定の完成車メーカーに固定していない。主力取引先は大手自動車メーカー3社であるが、受注量は常に安定的かつ増加傾向にある。これは大手自動車メーカーがいかにS社を高く評価しているかの証明でもある。

　③ 成長性

　自動車産業の成熟化がいわれて久しいが、日本の自動車メーカーはあくなき品質向上、価格戦略により世界戦略の中でシェアを伸ばしている。このような状況にあってS社は技術の向上、営業力の強化、若手社員の育成等を精力的に行い、着々と将来の布石を打っている。引き続き製品の付加価値を高めるとともに、次の時代の製品開発に努力することが肝

④　経営陣の若返り

　現時点では会長から社長への経営権の委譲が必ずしも十分ではないが、若手経営陣の奮起により実質的なバトンタッチがスムーズに行われることを期待する。

⑤　内部体制

　収益性は良好であるが財務体質は脆弱、労働生産性は高いが労働分配率も高い、工場が分散して生産体制に合理化の余地がある、営業推進が弱いなど内部体制面では多くの課題を抱えている。今後、中長期的視点からこれら課題を一つずつ改善していくことが期待されている。

⟨10⟩ 総合判断

　S社は小体ながら品質管理、納期管理の最も厳しいとされる自動車産業の部品メーカーとして、永年君臨し、業容拡大をはかってきた。また、今後の競争力も十分維持できると考えられ、一層の受注増加、売上増加が見込まれる。

　2年前に創業者が会長となり、長男を社長に抜擢し、若返りをはかり、さらなる発展を目指している。社長も創業者の意思を継ぎ懸命に努力しているところであり、今後については何ら懸念はないものと思われる。

　今回の借入申込内容は業容拡大に伴う前向きの増加運転資金であり、企業資質や将来性からみても成長を見込める内容の企業と判断できる。

　所要額、調達方法、分担シェア、担保も概ね妥当なものと認められる。また、返済資源も何ら懸念ないものと考えられる。

　主力行として今回の融資案件は積極的に対応し、S社の今後の業容拡大に寄与すると同時に取引深耕を図る方針である。

事例2

卸売業　滞貨資金
−日用雑貨卸業者B社の分析−

1 申込内容と経緯

① 借入申込の要旨

　B社は、業歴50年を超える地場の老舗卸売業である。取扱商品は、石鹸・洗剤、化粧品、その他の日用雑貨である。近年卸売業者を取り巻く経営環境は大きく変化しており、メーカーから直接小売業者への商品物流の増加により商圏縮小傾向が進行するとともに、最近の消費の低迷、デフレ経済の影響で、個人の消費マインドの落ち込み、商品の買い控えなどもあって、厳しい状況が続いている。

　このような経営環境から同社の業績もここ数年低迷しており、売上高は6年前のピーク時20億円から前期16億円弱へとほぼ年々減少している。

　こうした状況を打開するため、同社では、販売力強化と新規顧客開拓促進のため、今般取扱商品の拡大策を採り入れる方針を決定し、当行に、商品の品揃え拡大による増加運転資金として50百万円の借入申込があった。

② 申込内容と経緯

　B社は、戦後まもなく先々代が創業した、日用品雑貨の卸問屋である。営業地盤は、都内を中心に、近隣他県まで及んでいる。

　資本金60百万円、従業員数17名、年間売上は16億円程度である。

　取扱商品構成は現状、石鹸・洗剤30％、化粧品および医薬品類30％、その他40％、となっている。

　業績の推移は図表2-(1)のとおりである。

　最近の市況の低迷で、年間売上高は、6年前の20億円から、低下傾向に歯止めがかかっていない状況である。

図表2-(1)　最近の業績推移　　　　　　　　　　（単位：百万円）

	第47期	第48期	第49期	第50期	第51期	第52期	第53期	第54期計画
売上高	2,087	1,974	1,867	1,890	1,769	1,692	1,560	1,680
営業利益	75	68	55	53	43	42	20	36
経常利益	76	67	50	49	48	37	15	31

　このような状況の中、顧客ニーズに応ずるため、商品の品揃え拡大により、売上を伸ばし、業況の回復に努めるべく今回の申込みに至った。

③ 会社の概要

① 会社の概要

- ・名称　　　　B商事株式会社　　　・代表者　　　山本三郎（43歳）
- ・所在地　　　東京都港区　　　　　・業種　　　　日用雑貨卸売業
- ・資本金　　　60百万円　　　　　　・従業員　　　17名（男13名、女4名）
- ・売上構成比　石鹸・洗剤30％、化粧品20％、歯磨5％、医薬品5％、食品・飲料20％、雑貨品20％
- ・取扱商品数　150品目　　　　　　・取引先数　　150社
- ・取引先　　　コンビニエンスストア30％、ドラッグストア20％、小売店20％、量販店10％、百貨店10％、その他10％
- ・仕入先　　　K社、O社、H化粧品、M製菓、他約50社
- ・決算月　　　3月
- ・経営理念　　「常にお客様に喜ばれる商品の供給を目的とする」

② 会社の沿革

- ・昭和27年6月　先々代の山本一郎が物不足の時代に、一人でも多くの人々に、「欲しい物」の供給により、「世の中に役立つ商売」として創業
- ・昭和30年　　B商事㈱を設立、資本金5百万円、従業員7名
- ・昭和35年　　雑貨品メーカーA社の販売代理店となる
- ・昭和45年　　創業者没、長男の山本次郎が代表者に就任
- ・昭和50年　　資本金20百万円に増資
- ・昭和55年　　資本金30百万円に増資

- 平成5年　資本金50百万円に増資、化粧品の取扱いを開始
- 平成10年　現社長就任、同時に資本金60百万円に増資

③　会社の特徴

　取引先（販売先）は、歴代社長が懇意にしてきた老舗商店が多く、過去不良債権の発生などは皆無に等しく、信用度の高い先がほとんどである。

④　会社の保有資産
- 東京都内：本社社屋・倉庫（敷地200坪、時価約400百万円）
- 埼玉県：配送センター（敷地500坪、時価約170百万円）

⑤　代表者の略歴
- 昭和35年4月生、昭和57年3月　私大経済学部卒、同年4月　総合商社入社、主に食品関連事業に長く携わる
- 昭和62年10月　総合商社退社、同時に当社に入社
- 平成3年6月　当社常務取締役に就任
- 平成5年6月　当社専務取締役に就任
- 平成10年7月　前社長の山本次郎が健康上の理由により退任
　　　　　　　　現社長が、代表取締役（社長）に就任

⑥　代表者の資産背景と所得
- 所有資産　主に平成〇〇年前社長死亡による相続資産
- 自宅　　　東京都世田谷区に土地（200坪、時価150百万円）
- 預貯金　　約50百万円
- 有価証券　時価20百万円
- 所得　　　会社よりの給与年間12百万円、配当金4百万円

④ 財務諸表とその他の資料

①　B社提出資料
- 貸借対照表（図表2-(2)）
- 損益計算書（図表2-(3)）
- 資金繰予定表（図表2-(9)）
- 貸借対照表（計画修正後）（図表2-(10)）

事例2　卸売業　滞貨資金

・損益計算書（計画修正後）（図表2-(11)）
・資金繰予定表（計画修正後）（図表2-(17)）

② 当行作成資料
・経営分析表（図表2-(4)）
・資金運用表（図表2-(5)）
・経常収支表（図表2-(6)）
・キャッシュフロー計算書（図表2-(7)、2-(8)）
・経営分析表（計画修正後）（図表2-(12)）
・資金運用表（計画修正後）（図表2-(13)）
・経常収支表（計画修正後）（図表2-(14)）
・キャッシュフロー計算書（計画修正後）（図表2-(15)、2-(16)）

図表2-(2)　貸借対照表

（単位：百万円）

資産の部	第52期	第53期	増減	第54期計画	増減	負債・純資産の部	第52期	第53期	増減	第54期計画	増減
現金・預金	132	120	-12	101	-19	支払手形	100	88	-12	103	15
受取手形	50	45	-5	59	14	買掛金	157	156	-1	161	5
売掛金	252	230	-22	257	27	短期借入金	190	200	10	206	6
商品	160	180	20	210	30						
						未払法人税等	15	8	-7	13	5
前払費用	10	7	-3	10	3	未払金	38	25	-13	25	0
その他流動資産	20	15	-5	10	-5	未払費用	15	18	3	20	2
						その他流動負債	12	4	-8	4	0
貸倒引当金	-6	-7	-1	-7	0	〔流動負債計〕	527	499	-28	532	33
〔流動資産計〕	618	590	-28	640	50	長期借入金	220	215	-5	209	-6
有形固定資産	253	253	0	246	-7	退職給付引当金	31	35	4	37	2
建物	143	140	-3	135	-5	〔固定負債計〕	251	250	-1	246	-4
設備	65	68	3	66	-2	〔負債合計〕	778	749	-29	778	29
土地	45	45	0	45	0	資本金	60	60	0	60	0
						資本剰余金					
無形固定資産	1	1	0	1	0	資本準備金					
その他	1	1	0	1	0	その他資本剰余金					
投資その他の資産	125	127	2	125	-2	利益剰余金	172	173	1	183	10
投資有価証券	50	50	0	50	0	利益準備金	15	15	0	15	0
差入保証金	60	60	0	60	0	その他利益剰余金	157	158	1	168	10
その他	15	17	2	15	-2	任意積立金	97	102	5	107	5
〔固定資産計〕	379	381	2	372	-9	繰越利益剰余金	60	56	-4	61	5
繰延資産	13	11	-2	9	-2	〔純資産計〕	232	233	1	243	10
資産合計	1,010	982	-28	1,021	39	負債・純資産合計	1,010	982	-28	1,021	39
						割引手形	30	35	5	38	3

図表2－(3)　損益計算書

(単位：百万円)

	第52期	第53期	増減	第54期計画	増減
売　　上　　高	1,692	1,560	－132	1,680	120
売　　上　　原　　価	1,290	1,200	－90	1,280	80
売　上　総　利　益	402	360	－42	400	40
販売費・一般管理費	360	340	－20	364	24
代表者役員報酬	20	19	－1	20	1
人　　件　　費	135	129	－6	132	3
運賃・荷造費	115	110	－5	115	5
減　価　償　却　費	13	16	3	17	1
そ　　の　　他	77	66	－11	80	14
営　　業　　利　　益	42	20	－22	36	16
営　業　外　収　益	13	12	－1	10	－2
受取利息・配当金	1	1	0	1	0
営　業　外　費　用	18	17	－1	15	－2
支払利息割引料	8	9	1	9	0
経　　常　　利　　益	37	15	－22	31	16
税引前当期純利益	37	15	－22	31	16
法　　人　　税　　等	16	6	－10	13	7
当　期　純　利　益	21	9	－12	18	9

(注)

	第52期	第53期	増減	第54期計画	増減
配　　当　　金	8	8	0	9	1

事例2　卸売業　滞貨資金

図表2－(4)　経営分析表

(回転率：回、回転期間・立替期間：月)

	第52期	第53期	第54期計画	業界平均		第52期	第53期	第54期計画	業界平均
総資本経常利益率	3.66%	1.53%	3.04%	4.60%	自己資本比率	22.97%	23.73%	23.80%	22.02%
総資本回転率	1.68	1.59	1.65	2.19	固定比率	168.97%	168.24%	156.79%	120.60%
売上高総利益率	23.76%	23.08%	23.81%	25.75%	固定長期適合率	81.16%	81.16%	77.91%	61.77%
売上高営業利益率	2.48%	1.28%	2.14%	2.41%	負債比率	335.34%	321.46%	320.16%	368.50%
売上高経常利益率	2.19%	0.96%	1.85%	2.07%	流動比率	117.27%	118.24%	120.30%	162.18%
売上債権回転期間	2.36	2.39	2.53	2.23	当座比率	82.35%	79.16%	78.38%	108.65%
受取手形	0.57	0.62	0.69		現金・預金比率	25.05%	24.05%	18.98%	13.73%
売掛金	1.79	1.77	1.84		固定資産回転期間	2.78	3.02	2.72	1.64
棚卸資産回転期間	1.13	1.38	1.50	0.75	経常収支率		101.14%	99.70%	102.65%
買入債務回転期間	1.82	1.88	1.89	1.51					
支払手形	0.71	0.68	0.74		一人当り売上高(単位：百万円)	100	92	99	92
買掛金	1.11	1.20	1.15						
立替期間	1.67	1.89	2.14	1.47	借入金平均金利	1.82%	2.00%	1.99%	

図表2－(5)　資金運用表

(単位：百万円)

	運　用	第53期	第54期計画	調　達	第53期	第54期計画
長期資金	決算資金	21	16	税引前当期純利益	15	31
	納税資金	13	8			
	配当金	8	8	減価償却費	16	17
	設備資金	16	10	退職給付引当金	4	2
	無形固定資産			繰延資産償却	2	2
	投融資	2	-2	貸倒引当金	1	0
	計	39	24	計	38	52
運転資金	売上債権	-22	44	買入債務	-13	20
	棚卸資産	20	30	前払金		
	前渡金			未払金	-13	0
	前払費用	-3	3	未払費用	3	2
	その他流動資産	-5	-5	その他流動負債	-8	0
	計	-10	72	計	-31	22
金融	長期借入金の減少	5	6	短期借入金の増加	10	6
				割引手形の増加	5	3
				現金・預金減少	12	19
	計	5	6	計	27	28
	合計	34	102	合計	34	102

図表2-(6) 経常収支表(イ)
(単位:百万円)

<table>
<tr><th colspan="2"></th><th>第53期</th><th>第54期計画</th></tr>
<tr><td rowspan="5">経常収入</td><td>売　上　高</td><td>1,560</td><td>1,680</td></tr>
<tr><td>売　上　債　権</td><td>22</td><td>-44</td></tr>
<tr><td>営　業　外　収　益</td><td>12</td><td>10</td></tr>
<tr><td>前　受　金</td><td></td><td></td></tr>
<tr><td>計</td><td>1,594</td><td>1,646</td></tr>
<tr><td rowspan="13">経常支出</td><td>売　上　原　価</td><td>1,200</td><td>1,280</td></tr>
<tr><td>販売費・一般管理費</td><td>340</td><td>364</td></tr>
<tr><td>営　業　外　費　用</td><td>17</td><td>15</td></tr>
<tr><td>棚　卸　資　産</td><td>20</td><td>30</td></tr>
<tr><td>買　入　債　務</td><td>13</td><td>-20</td></tr>
<tr><td>減　価　償　却　費</td><td>-16</td><td>-17</td></tr>
<tr><td>諸引当金増加額</td><td>-4</td><td>-2</td></tr>
<tr><td>貸　倒　引　当　金</td><td>-1</td><td>0</td></tr>
<tr><td>前　払　費　用</td><td>-3</td><td>3</td></tr>
<tr><td>前　渡　金</td><td></td><td></td></tr>
<tr><td>未　払　金</td><td>13</td><td>0</td></tr>
<tr><td>未　払　費　用</td><td>-3</td><td>-2</td></tr>
<tr><td>計</td><td>1,576</td><td>1,651</td></tr>
<tr><td colspan="2">経　常　収　支　尻</td><td>18</td><td>-5</td></tr>
<tr><td colspan="2">経　常　収　支　率</td><td>101.14%</td><td>99.70%</td></tr>
<tr><td colspan="2">そ　の　他　流　動　資　産</td><td>5</td><td>5</td></tr>
<tr><td colspan="2">そ　の　他　流　動　負　債</td><td>-8</td><td>0</td></tr>
<tr><td colspan="2">短　期　資　金　収　支　尻</td><td>15</td><td>0</td></tr>
</table>

図表2-(6) 経常収支表(ロ)
(単位:百万円)

<table>
<tr><th colspan="2"></th><th>第53期</th><th>第54期計画</th></tr>
<tr><td colspan="2">短期資金収支尻</td><td>15</td><td>0</td></tr>
<tr><td rowspan="6">財務支出金</td><td>決　算　流　出</td><td>21</td><td>16</td></tr>
<tr><td>設　備　投　資</td><td>16</td><td>10</td></tr>
<tr><td>投　融　資</td><td>2</td><td>-2</td></tr>
<tr><td>繰延資産増加</td><td>-2</td><td>-2</td></tr>
<tr><td>無形固定資産</td><td></td><td></td></tr>
<tr><td>計</td><td>37</td><td>22</td></tr>
<tr><td rowspan="4">融</td><td>短　期　借　入　金</td><td>10</td><td>6</td></tr>
<tr><td>長　期　借　入　金</td><td>-5</td><td>-6</td></tr>
<tr><td>割　引　手　形</td><td>5</td><td>3</td></tr>
<tr><td>計</td><td>10</td><td>3</td></tr>
<tr><td colspan="2">総　資　金　収　支　尻</td><td>-12</td><td>-19</td></tr>
<tr><td colspan="2">現金・預金増減額</td><td>-12</td><td>-19</td></tr>
</table>

事例2　卸売業　滞貨資金

図表2-(7)　キャッシュフロー計算書（間接法）

営業活動によるキャッシュフロー　　　（単位：百万円）

	第53期	第54期計画
税金等調整前当期純利益	15	31
減 価 償 却 費	16	17
貸 倒 引 当 金 の 増 加	1	0
繰 延 資 産 の 償 却	2	2
退 職 給 付 引 当 金 の 増 加	4	2
利息および配当金受取額	-1	-1
利 息 の 支 払 額 等	9	9
そ の 他 の 営 業 外 収 益	-11	-9
そ の 他 の 営 業 外 費 用	8	6
前 払 費 用 の 増 加	3	-3
未 払 金 の 減 少	-13	0
未 払 費 用 の 減 少	3	2
売 上 債 権 の 増 加 額	27	-41
棚 卸 資 産 の 増 加 額	-20	-30
仕 入 債 務 の 増 加 額	-13	20
未 払 消 費 税 の 増 加 額		
そ の 他 流 動 資 産 の 増 加	5	5
そ の 他 流 動 負 債 の 増 加	-8	0
小　計	27	10
利息・配当・営業外収益の受取額	12	10
利息等営業外費用の支払額	-17	-15
法 人 税 等 支 払 額	-13	-8
営業活動によるキャッシュフロー	9	-3

投資活動によるキャッシュフロー

有形固定資産の取得による支出	-16	-10
そ の 他	-2	2
小　計	-18	-8

財務活動によるキャッシュフロー

短 期 借 入 に よ る 収 入	10	6
長 期 借 入 に よ る 収 入	-5	-6
配 当 金 の 支 払 額	-8	-8
小　計	-3	-8

営業活動によるキャッシュフロー	9	-3
投資活動によるキャッシュフロー	-18	-8
財務活動によるキャッシュフロー	-3	-8
現金および現金同等物の増加額	-12	-19

現金および現金同等物の期首残高	132	120
現金および現金同等物の期末残高	120	101
現金および現金同等物の増加額	-12	-19

図表2-(8)　キャッシュフロー計算書（直接法）

営業活動によるキャッシュフロー　　　（単位：百万円）

営 業 収 入	1,587	1,639
商 品 の 仕 入 支 出	-1,233	-1,290
人 件 費 支 出	-148	-152
そ の 他 の 営 業 支 出	-179	-187
［小　計］	27	10
利息および配当金受領額	1	1
その他営業外収益の受取額	11	9
利 息 の 支 払 額	-9	-9
その他営業外費用の支払額	-8	-6
法 人 税 等 の 支 払 額	-13	-8
営業活動によるキャッシュフロー	9	-3

図表2－(9)　資金繰予定表

(単位：百万円)

		53期3月実績	4～6月予定	7～9月予定	10～12月予定	1～3月予定	合　計
前	月より繰越	111	120	107	104	121	120
収	売掛金現金回収	100	305	320	345	355	1,325
	（売掛金手形回収）	(26)	(78)	(80)	(82)	(88)	(328)
	割引手形	8	23	24	25	26	98
	（割引手形期日落込）	(7)	(23)	(23)	(24)	(25)	(95)
	手形期日入金	17	52	53	55	56	216
	その他	1	2	3	3	2	10
入	収入計（A）	126	382	400	428	439	1,649
支	買掛金現金支払	75	233	243	255	261	992
	（買掛金手形支払）	(25)	(75)	(78)	(80)	(80)	(313)
	支払手形決済	23	74	74	75	75	298
	人件費	10	30	42	50	30	152
	諸経費	1	46	47	48	50	191
	支払利息・割引料	1	2	2	3	2	9
	決算資金		16				16
	設備資金						
	その他	1	5	1	2	2	10
出	支出計（B）	111	406	409	433	420	1,668
差引過不足（A）－（B）		15	－24	－9	－5	19	－19
金	短期借入金（本件） 借入				20	30		50
	返済				9	15	24
融	短期借入金 借入		20	10	30		60
収	返済	5	5	20	25	30	80
支	長期借入金 借入					10	10
	返済	1	4	4	4	4	16
翌月へ繰越		120	107	104	121	101	101
売上高		140	400	410	460	410	1,680
仕入高		300	310	340	320	340	1,310

月	受取手形	80	83	87	90	97
	割引手形	35	35	36	37	38
末	売掛金	230	247	257	290	257
	棚卸資産	180	185	215	205	210
残	支払手形	88	89	93	98	103
	買掛金	156	158	177	162	161
	短期借入金	200	215	225	251	206
高	長期借入金	215	211	207	203	209

事例2　卸売業　滞貨資金

図表2-(10)　貸借対照表（計画修正後）

（単位：百万円）

資産の部	第52期	第53期	増減	第54期計画	増減	負債・純資産の部	第52期	第53期	増減	第54期計画	増減
現金・預金	132	120	-12	125	5	支払手形	100	88	-12	92	4
受取手形	50	45	-5	56	11	買掛金	157	156	-1	166	10
売掛金	252	230	-22	260	30	短期借入金	190	200	10	206	6
商品	160	180	20	150	-30						
						未払法人税等	15	8	-7	1	-7
前払費用	10	7	-3	10	3	未払金	38	25	-13	25	0
その他流動資産	20	15	-5	10	-5	未払費用	15	18	3	20	2
						その他流動負債	12	4	-8	3	-1
貸倒引当金	-6	-7	-1	-7	0	〔流動負債計〕	527	499	-28	513	14
〔流動資産計〕	618	590	-28	604	14	長期借入金	220	215	-5	209	-6
有形固定資産	253	253	0	246	-7	退職給付引当金	31	35	4	37	2
建物	143	140	-3	135	-5	〔固定負債計〕	251	250	-1	246	-4
設備	65	68	3	66	-2	〔負債合計〕	778	749	-29	759	10
土地	45	45	0	45	0	資本金	60	60	0	60	0
						資本剰余金					
無形固定資産	1	1	0	1	0	資本準備金					
その他	1	1	0	1	0	その他資本剰余金					
投資その他の資産	125	127	2	125	-2	利益剰余金	172	173	1	166	-7
投資有価証券	50	50	0	50	0	利益準備金	15	15	0	15	0
差入保証金	60	60	0	60	0	その他利益剰余金	157	158	1	151	-7
その他	15	17	2	15	-2	任意積立金	97	102	5	107	5
〔固定資産計〕	379	381	2	372	-9	繰越利益剰余金	60	56	-4	44	-12
繰延資産	13	11	-2	9	-2	〔純資産計〕	232	233	1	226	-7
資産合計	1,010	982	-28	985	3	負債・純資産合計	1,010	982	-28	985	3
						割引手形	30	35	5	38	3

図表2-(11) 損益計算書（計画修正後）

(単位：百万円)

		第52期	第53期	増減	第54期計画	増減
売　　上　　高		1,692	1,560	-132	1,680	120
売　上　原　価		1,290	1,200	-90	1,310	110
売　上　総　利　益		402	360	-42	370	10
販売費・一般管理費		360	340	-20	364	24
	代表者役員報酬	20	19	-1	20	1
	人　件　費	135	129	-6	132	3
	運賃・荷造費	115	110	-5	115	5
	減価償却費	13	16	3	17	1
	そ　の　他	77	66	-11	80	14
営　業　利　益		42	20	-22	6	-14
営　業　外　収　益		13	12	-1	10	-2
	受取利息・配当金	1	1	0	1	0
営　業　外　費　用		18	17	-1	15	-2
	支払利息割引料	8	9	1	9	0
経　常　利　益		37	15	-22	1	-14
税引前当期純利益		37	15	-22	1	-14
法　人　税　等		16	6	-10	-	-6
当　期　純　利　益		21	9	-12	1	-8

(注)

	第52期	第53期	増減	第54期計画	増減
配　　当　　金	8	8	0	9	1

事例2　卸売業　滞貨資金

図表2−(12)　経営分析表（計画修正後）

（回転率：回、回転期間、立替期間：月）

	第52期	第53期	第54期計画	業界平均		第52期	第53期	第54期計画	業界平均
総資本経常利益率	3.66%	1.53%	0.10%	4.60%	自己資本比率	22.97%	23.73%	22.94%	22.02%
総資本回転率	1.68	1.59	1.71	2.19	固定比率	168.97%	168.24%	168.58%	120.60%
売上高総利益率	23.76%	23.08%	22.02%	25.75%	固定長期適合率	81.16%	81.16%	80.72%	61.77%
売上高営業利益率	2.48%	1.28%	0.36%	2.41%	負債比率	335.34%	321.46%	335.84%	368.50%
売上高経常利益率	2.19%	0.96%	0.06%	2.07%	流動比率	117.27%	118.24%	117.74%	162.18%
売上債権回転期間	2.36	2.39	2.53	2.23	当座比率	82.35%	79.16%	85.96%	108.65%
受取手形	0.57	0.62	0.67		現金・預金比率	25.05%	24.05%	24.37%	13.73%
売掛金	1.79	1.77	1.86		固定資産回転期間	2.78	3.02	2.72	1.64
棚卸資産回転期間	1.13	1.38	1.07	0.75	経常収支率		101.14%	101.17%	102.65%
買入債務回転期間	1.82	1.88	1.84	1.51					
支払手形	0.71	0.68	0.66		一人当り売上高（単位：百万円）	100	92	99	92
買掛金	1.11	1.20	1.18						
立替期間	1.67	1.89	1.76	1.47	借入金平均金利	1.82%	2.00%	1.99%	

図表2−(13)　資金運用表（計画修正後）

（単位：百万円）

	運　用	第53期	第54期計画	調　達	第53期	第54期計画
長期資金	決算資金	21	15	税引前当期純利益	15	1
	納税資金	13	7			
	配当金	8	8	減価償却費	16	17
	設備資金	16	10	退職給付引当金	4	2
	無形固定資産			繰延資産償却	2	2
	投融資	2	−2	貸倒引当金	1	0
	計	39	23	計	38	22
運転資金	売上債権	−22	44	買入債務	−13	14
	棚卸資産	20	−30			
	前渡金			前払金		
	前払費用	−3	3	未払金	−13	0
				未払費用	3	2
	その他流動資産	−5	−5	その他流動負債	−8	−1
	計	−10	12	計	−31	15
金融	長期借入金の減少	5	6	短期借入金の増加	10	6
				割引手形の増加	5	3
	現金・預金の増加		5	現金・預金の減少	12	
	計	5	11	計	27	9
	合計	34	46	合計	34	46

図表2−(14) 経常収支表（イ）(計画修正後)

(単位：百万円)

		第53期	第54期計画
経常収入	売上高	1,560	1,680
	売上債権	22	−44
	営業外収益	12	10
	前受金		
	計	1,594	1,646
経常支出	売上原価	1,200	1,310
	販売費・一般管理費	340	364
	営業外費用	17	15
	棚卸資産	20	−30
	買入債務	13	−14
	減価償却費	−16	−17
	諸引当金増加額	−4	−2
	貸倒引当金	−1	0
	前払費用	−3	3
	前渡金		
	未払金	13	0
	未払費用	−3	−2
	計	1,576	1,627
経常収支尻		18	19
経常収支率		101.14%	101.17%
その他流動資産		5	5
その他流動負債		−8	−1
短期資金収支尻		15	23

図表2−(14) 経常収支表（ロ）(計画修正後)

(単位：百万円)

		第53期	第54期計画
短期資金収支尻		15	23
財務支出金	決算支出	21	15
	設備投資	16	10
	投融資	2	−2
	繰延資産増加	−2	−2
	無形固定資産	0	0
	計	37	21
融	短期借入金	10	6
	長期借入金	−5	−6
	割引手形	5	3
	計	10	3
総資金収支尻		−12	5
現金・預金増減額		−12	5

事例2　卸売業　滞貨資金

図表2-(15)　キャッシュフロー計算書
　　　　　　（計画修正後）（間接法）

営業活動によるキャッシュフロー　　　（単位：百万円）

	第53期	第54期計画
税金等調整前当期純利益	15	1
減価償却費	16	17
貸倒引当金の増加	1	0
繰延資産の償却	2	2
退職給付引当金の増加	4	2
利息および配当金受取額	-1	-1
利息の支払額	9	9
その他の営業外収益	-11	-9
その他の営業外費用	8	6
前払費用の増加	3	-3
未払金の減少	-13	0
未払費用の減少	3	2
売上債権の増加額	27	-41
棚卸資産の増加額	-20	30
仕入債務の増加額	-13	14
未払消費税の増加額		
その他流動資産の増加	5	5
その他流動負債の増加	-8	-1
小計	27	33
利息・配当・営業外収益の受取額	12	10
利息等営業外費用の支払額	-17	-15
法人税等支払額	-13	-7
営業活動によるキャッシュフロー	9	21

投資活動によるキャッシュフロー

有形固定資産の取得による支出	-16	-10
その他	-2	2
小計	-18	-8

財務活動によるキャッシュフロー

短期借入による収入	10	6
長期借入による収入	-5	-6
配当金の支払額	-8	-8
小計	-3	-8

営業活動によるキャッシュフロー	9	21
投資活動によるキャッシュフロー	-18	-8
財務活動によるキャッシュフロー	-3	-8
現金および現金同等物の増加額	-12	5

現金および現金同等物の期首残高	132	120
現金および現金同等物の期末残高	120	125
現金および現金同等物の増加額	-12	5

図表2-(16)　キャッシュフロー計算書
　　　　　　（計画修正後）（直接法）

営業活動によるキャッシュフロー　　　（単位：百万円）

営業収入	1,587	1,639
商品の仕入支出	-1,233	-1,266
人件費支出	-148	-152
その他の営業支出	-179	-188
［小計］	27	33
利息および配当金受領額	1	1
その他営業外収益の受取額	11	9
利息の支払額	-9	-9
その他営業外費用の支払額	-8	-6
法人税等の支払額	-13	-7
営業活動によるキャッシュフロー	9	21

図表2－(17)　資金繰予定表（計画修正後）

(単位：百万円)

		53期3月実績	4～6月予定	7～9月予定	10～12月予定	1～3月予定	合計
前月より繰越		111	120	114	121	134	120
収	売掛金現金回収	100	305	320	345	355	1,325
	（売掛金手形回収）	(26)	(78)	(80)	(82)	(85)	(325)
	割引手形	8	23	24	25	26	98
	（割引手形期日落込）	(7)	(23)	(23)	(24)	(25)	(95)
	手形期日入金	17	52	53	55	56	216
							－
	その他	1	2	3	3	2	10
入	収入計（A）	126	382	400	428	439	1,649
支	買掛金現金支払	75	225	232	255	240	952
	（買掛金手形支払）	(25)	(75)	(78)	(85)	(80)	(318)
	支払手形決済	23	75	75	79	85	314
	人件費	10	30	42	50	30	152
	諸経費	1	46	47	48	50	191
	支払利息・割引料	1	2	2	3	2	9
	決算資金		16				16
	設備資金						－
	その他	1	5	1	2	2	10
出	支出計（B）	111	399	399	437	409	1,644
差引過不足（A）－（B）		15	-17	1	-9	30	5
金融収支	短期借入金（本件） 借入			20	30		50
	返済				9	15	24
	短期借入金 借入		20	10	30		60
	返済	5	5	20	25	30	80
	長期借入金 借入					10	10
	返済	1	4	4	4	4	16
翌月へ繰越		120	114	121	134	125	125
売上高		140	400	410	430	440	1,680
仕入高		300	310	320	320	330	1,280

月末残高						
	受取手形	80	83	87	90	94
	割引手形	35	35	36	37	38
	売掛金	230	247	257	260	260
	棚卸資産	180	180	180	160	150
	支払手形	88	88	91	97	92
	買掛金	156	166	176	156	166
	短期借入金	200	215	225	251	206
	長期借入金	215	211	207	203	209

2 業界動向

① 卸売業の現状

　中小卸売業は、取引先小売業の減少など厳しい環境変化に直面しており、経営革新が求められている。すなわち、ここ数年の廃業率の高まりから数の減少している小売業と卸売業は取引関係で密接に結びついているためであると考えられる。卸売商店数の減少はメーカーと小売業、卸売業を介さず直接取引を行う「卸の中抜き」が要因として大きいが、消費財卸売商店数については、取引先小売商店の減少も大きな要因であると考えられる。

　特筆すべき点は、小規模業者ほど、店舗数の減少、これに伴う販売額の減少が著しいことが鮮明となっていることである。

図表2-(18)　卸売業、従業者規模別商店数の推移

従業者規模		平成14年	平成19年	構成比 平成14年	構成比 平成19年	増減率 平成19年 19年/14年
卸売業	1人～2人	41,171	39,580	13.4%	14.5%	▲3.9%
	3人～4人	68,752	61,443	22.4%	22.5%	▲10.6%
	5人～9人	97,766	84,965	31.9%	31.1%	▲13.1%
	10人～19人	58,394	51,264	19.0%	18.7%	▲12.2%
	20人～29人	18,141	16,174	5.9%	5.9%	▲10.8%
	30人～49人	12,486	11,249	4.1%	4.1%	▲9.9%
	50人～99人	7,080	6,062	2.3%	2.2%	▲14.4%
	100人以上	3,114	2,669	1.0%	1.0%	▲14.3%
	99人以下（中小規模）	303,790	270,737	99.0%	99.0%	▲10.9%
	100人以上（大規模）	3,114	2,669	1.0%	1.0%	▲14.3%
	計	306,904	273,406	100.0%	100.0%	▲10.9%

（経済産業省「商業統計」）

図表2-(19)　卸売業、従業者規模別年間販売額の推移

従業者規模		年間販売額（10億円）		構成比		増減率
		平成14年	平成19年	平成14年	平成19年	平成19年 19年/14年
卸売業	1人～2人	5,694	5,674	1.4%	1.4%	▲0.4%
	3人～4人	15,447	14,829	3.8%	3.6%	▲4.0%
	5人～9人	45,732	45,175	11.1%	11.0%	▲1.2%
	10人～19人	61,081	62,574	14.9%	15.2%	2.4%
	20人～29人	38,102	38,447	9.3%	9.4%	0.9%
	30人～49人	45,643	44,975	11.1%	10.9%	▲1.5%
	50人～99人	51,311	52,098	12.5%	12.7%	1.5%
	100人以上	147,192	147,401	35.9%	35.8%	0.1%
	99人以下（中小規模）	263,010	263,772	64.1%	64.2%	0.3%
	100人以上（大規模）	147,192	147,401	35.9%	35.8%	0.1%
	計	410,202	411,173	100.0%	100.0%	0.3%

（経済産業省「商業統計」）

② 業界の特徴

① 小規模零細企業が多く、売上の落ち込みが激しい
② 売上規模が小さい
③ 小売業態（特に大型量販店など）からの値下げ要請と卸の選別・集約化の傾向が強い
④ リベートに頼る経営体質から脱却できていない

③ 需要の落ち込みの背景

① 取引先である中小小売業の販売額の低迷

中小卸売業の取引先である、中小小売業は近年消費の低迷や競争の激化により、特に小規模小売業を中心として販売額が落ち込んでいる。

② 小売業及びメーカーにおける取引先の集約

中小小売業は取引先である卸売業の選別を進めることにより、納品価格の引き下げ、物流コストの引き下げ、発注事務の効率化を図ろうとする動きがある。中小企業庁によるアンケート調査によれば、過去5年間

に取引先を集約した小売業は、「大幅集約化した」「やや集約した」を合わせて40～50％存在しており、仕入先の絞込みが徐々にではあるが、確実に進行している。また、この傾向は今後も続くと考えられる。

　一方、メーカー側も「卸売業経由の流通チャネル政策を主体に維持していくが、徐々に小売業直結の流通チャネルのウエイトを高めていくだろう」という回答が約7割存在している。このことから、メーカーにおいても、販売経路はまず卸売業を起点に考えているものの、将来的には、小売業直売等を徐々に採り入れていく意向がうかがえる。

◈ 4　日用雑貨卸売業の現状と動向

(1) 日用雑貨卸売業の現状

　日用雑貨卸売業においても、消費低迷・デフレ状況が進む中で、個人の消費マインドの低下、商品の買い控えなど、依然として市場の回復の兆しは見えていない。

　生活用品の消費低迷を反映して、大手スーパーやドラッグストアなど大口取引先で価格競争が激化し、また、卸を通さない100円ショップなどにも客足が流れており、大きな打撃となっている。こうした中で、業界では、生き残りをかけた業界再編が大きな流れとなっている。

(2) 日用雑貨卸売業の動向

　次に、日用雑貨卸売業の業績推移を見ると、図表2－(20)のとおりである。

図表2－(20)　経営指標

業種	売上高総利益率	売上高経常利益率	総資本回転率	自己資本比率	売上高利子負担率	従業員1人当り月間売上高（千円）
平成17年	17.7％	1.8％	2.5回	24.5％	0.4％	6,247
平成18年	17.8％	1.7％	2.5回	24.8％	0.4％	6,016
平成19年	17.3％	1.7％	2.5回	26.0％	0.4％	6,365

東京商工リサーチ『中小企業の経営指標－荒物卸売業』

日用雑貨卸売業にあっては、売上高の伸び悩みと利幅の縮小が進んでいる。

(3) 日用雑貨卸売業の問題点と今後の課題

① 経営環境

イ．個人消費の長引く低迷

ロ．デフレによる価格破壊の進行による商品単価の下落

ハ．小売業の量販店によるメーカー直結仕入の拡大

ニ．大手業者の再編による寡占化の進行

ホ．広域量販店と広域卸との取引の増加

② 今後の課題

日用雑貨卸売業は、価格競争の激化、経営環境の激しさが増しており、一層の経営改善が迫られている。

今後の課題としては、以下のとおりである。

イ．取引先の確保

ロ．多様化する小売店ニーズへの対応

ハ．ローコスト経営システムの確立

ニ．物流システムの構築整備

ホ．小売店支援のためのノウハウの蓄積と支援体制の確立

以上から、日用雑貨卸売業者の今後の対応としては、次のことが考えられる。

イ．情報・物流システム構築による効率化の促進

ロ．小売店・消費者のニーズを把握した、プライベート商品の開発

ハ．顧客対象を消費者にまで広げた、直接小売の導入も選択肢の一つ

事例2　卸売業　滞貨資金

3 与信判断

① 第53期財務諸表の分析

B社提出の図表2-(2)、図表2-(3)および当行作成の図表2-(4)、図表2-(5)に基づき、第53期におけるB社の財務体質ならびに資金の運用・調達状況を分析した結果は次のとおりであった。

(1) 経営指標

まず、図表2-(4)及び財務諸表より、B社の経営指標を検証した。

① 長期安全性

B社の自己資本比率は23.73%で、業界平均22.02%比まずまずの水準。

固定比率、固定長期適合率ともに、業界平均より悪いものの、問題ない水準である。

B社の第53期のキャッシュフロー（長期借入金の返済財源）は、当期純利益9百万円＋減価償却費16百万円＋繰延資産償却2百万円＋諸引当金の増加額5百万円－配当金8百万円＝24百万円で、これに基づく長期借入金の要償還年数は215÷24＝9.0年で償還能力がやや不足と認定される。これは第53期が減益であったことによるもので、第52期実績では、繰延資産償却が2百万円、その他引当金の減少額▲2百万円があったことから、返済財源は26百万円、また、第54期見込みでは、30百万円であり、これらより判断して、特に長期償還能力不足の状態ではない。

② 短期安全性

流動比率は120％弱を維持しているものの、業界平均162.18％比見劣りがする。当座比率も79.16％であり、業界平均108.65％比かなり低く、短期安定性は十分とはいえない。

③ 収益力

B社の総資本経常利益率は、第52期は3.66％であったが第53期に1.53％に急落、業界平均4.60％比約3分の1の水準に低下した。もともと当社は総資本回転率が従来から業界平均比0.5％程度低いレベルで推移し

ていたうえに、売上高経常利益率が52期の2.19％から第53期には0.96％と半分以下に下落したことが原因である。また、固定資産回転期間が業界平均比約2倍と著しく長いことが総資本回転率の低さの一因になっていることから、当社は業容に比べて保有固定資産が過大と考えられる。

売上高営業利益率、売上高経常利益率の方も、第52期は業界平均並みを確保していたが第53期に双方とも約2分の1の水準に落ち込んだ。

以上より、第53期業績の悪化によりB社の収益力は急落している。

(2) 資金の運用・調達状況

次に、B社の資金の運用・調達状況を分析した結果は下記のとおりである。

① 運転資金の状況

図表2-(4)を見ると、B社の運転資金立替期間は第52期1.67カ月、第53期1.89カ月といずれも業界平均1.47カ月より0.2カ月～0.4カ月ほど長い。うち、売上債権と買入債務はともに業界平均比回転期間が長く、回収条件面は見劣りするものの支払条件面では優位にあり総合すれば運転資金に与える影響はさほどではない。問題なのは棚卸資産の回転期間である。すなわち、第52期1.13カ月、第53期1.38カ月と業界平均0.75カ月比かなり長い状態で推移しており、とくに、第53期は年商が▲132百万円減少したにもかかわらず商品在庫は20百万円増加しており、内容を検証する必要がある。

また、図表2-(21)より、第53期末のB社の所要運転資金は前期末比11百万円増加し246百万円であった。これに対して、第53期末の短期借入調達総額は235百万円（短期借入金200百万円＋割引手形35百万円）であり、所要運転資金の範囲内に収まっている。

なお、第53期発生した増加運転資金11百万円の要因分析の結果は次のとおりである。

ア．売上減少に伴う減少運転資金

第53期月商減少額▲11百万円×第52期立替期間1.667カ月＝▲18.337百万円

イ．回転期間の変動に伴う運転資金の増減

第53期月商130百万円×第53期立替期間長期化部分0.225カ月

（1.892カ月－1.667カ月）＝29.250百万円

よって、ア．▲18.337＋イ．29.250＝10.913≒11百万円

図表2－(21)　52期・53期の所要運転資金・回転期間

(単位：百万円、月)

	第52期（実績）		第53期（実績）		増減	
	月商	141	月商	130	月商	－11
	残高	回転期間	残高	回転期間	残高	回転期間
売上債権	332	2.35	310	2.39	－22	0.04
受取手形	80	0.57	80	0.62	－	0.05
売掛金	252	1.79	230	1.77	－22	－0.02
棚卸資産	160	1.13	180	1.38	20	0.25
買入債務	257	1.82	244	1.88	－13	0.06
支払手形	100	0.71	88	0.68	－12	－0.03
買掛金	157	1.11	156	1.20	－1	0.09
所要運転資金	235	1.66	246	1.89	11	0.23

② 資金運用表の状況

　図表2－(5)によれば、第53期の資金の運用と調達の状況は、長期資金では、運用部分は決算資金支払21百万円と設備投資16百万円を中心に合計39百万円増加した。一方、調達部分は第53期の大幅減益により税引前当期純利益が15百万円にとどまり、減価償却費16百万円および諸引当金の増加等を含めても合計38百万円で、長期資金全体では▲1百万円の調達不足となった。運転資金では、運用部分は売上債権の減少▲22百万円およびその他の運用の減少▲8百万円があったものの、棚卸資産の増加20百万円が発生したため合計で▲10百万円の減少であった。調達部分も買入債務の減少▲13百万円および未払金の減少▲13百万円などにより合計▲31百万円の減少となったため、運転資金全体でも▲21百万円の調達不足となった。以上の調達不足合計▲22百万円と長期借入金返済▲5百万円を加えた調達不足総額▲27百万円は短期借入金の増加10百万円、割引手形の増加5百万円および現預金の取り崩し12百万円で賄われた。

　以上の結果、第53期末の現預金残高は120百万円（月商130百万円比0.92カ月）と1カ月分を割り込んでおり手許資金がやや窮屈になってい

るのではないかと推測される。

② 第54期計画の検証

　図表2−(6)、図表2−(7)、図表2−(8)および図表2−(9)に基づいて、B社第54期計画の内容を検証する。

(1) 経常収支およびキャッシュフローの状況

①　経常収支について

　図表2−(6)(イ)および(ロ)から、当社の経常収支尻は、第53期は18百万円のプラスであったが、第54期計画では▲5百万円とわずかながらもマイナスに転じ、経常収支率は101.14％から99.70％と100％を割り込む見込である。要因としては、第53期は売上債権の減少▲22百万円等により売上高1,560百万円以上の経常収入1,594百万円があり、棚卸資産の増加20百万円等を含めた経常支出1,576百万円を18百万円上回ることができたが、第54期計画では売上高は1,680百万円と120百万円増収となるも、売上債権の増加44百万円等により経常収入は1,646百万円と第53期比52百万円の増加にとどまる。一方、売上原価の増加80百万円、販売費・一般管理費の増加24百万円および棚卸資産の増加30百万円等を含め経常支出は1,651百万円と第53期比75百万円増加するため、差し引きの経常収支尻は▲5百万円となる。さらに、その他流動資産およびその他流動負債の増減を加味した短期資金収支尻は、第53期は15百万円のプラスであったものが第54期計画では0となる。

　したがって、財務支出と金融調達を含めた総資金収支尻は第53期の▲12百万円から第54期計画では▲19百万円と悪化し、その分現預金がさらに減少することになる。

②　キャッシュフローの状況

　以上の資金収支の状況をより詳細に示したのが図表2−(7)および図表2−(8)のキャッシュフロー計算書である。この表で留意すべき点は、もっとも重要な指標である営業CFが、第53期は9百万円のプラスから第54期計画では▲3百万円と若干ながらもマイナスになってしまうことである。その最大の要因となっているのが売上債権の増加41百万円と棚

卸資産の増加30百万円であることから、これらの内容のさらなる検証が必要である。

(2) 資金繰り計画について

B社から提出された図表2-(9) より、第54期計画の資金繰りを分析した。

① 回収率の検証

第54期計画の売上高1,680百万円に対して、売掛金回収額は現金回収1,325百万円、手形回収328百万円で総額1,653百万円となる見込である。したがって、回収率は98.4％と引き続き高い。また、手形による回収率は19.8％である。

② 支払率の検証

第54期計画の仕入高1,310百万円に対して、買掛金支払額は現金支払992百万円、手形支払313百万円で総額1,305百万円の予想で、支払率は99.6％となる。うち手形による支払率は24.0％で手形回収率よりやや高く資金繰り上は優位に働いている。

(3) 運転資金回転期間の変動状況

図表2-(22) 53期・54期の所要運転資金・回転期間

（単位：百万円、月）

	第53期（実績）		第54期（計画）		増減	
	月商	130	月商	140	月商	10
	残高	回転期間	残高	回転期間	残高	回転期間
売上債権	310	2.39	354	2.53	44	0.14
受取手形	80	0.62	97	0.69	17	0.07
売掛金	230	1.77	257	1.84	27	0.07
棚卸資産	180	1.38	210	1.50	30	0.12
買入債務	244	1.88	264	1.89	20	0.01
支払手形	88	0.68	103	0.74	15	0.06
買掛金	156	1.20	161	1.15	5	-0.05
所要運転資金	246	1.89	300	2.14	54	0.25

上記のとおり、第54期は月商が10百万円増加する計画である。

回転期間は、売上債権が0.14カ月延び、棚卸資産も0.12カ月長期化する見込である。一方、買入債務の方は0.01カ月延びる程度とみていること

とから、所要運転資金の立替期間は0.25カ月長期化する。

以上より、第54期末の所要運転資金は300百万円となり、前期末比54百万円増加する計画である。

また、図表2-(10)より、第54期末の短期借入調達総額は244百万円（短期借入金206百万円＋38百万円）で、やはり所要運転資金の範囲内。

第54期計画で発生する増加運転資金54百万円の要因分析の結果は次のとおり。

ア．売上増加に伴う増加運転資金

第54期月商増加額10百万円×第53期立替期間1.892カ月＝18.920百万円

イ．回転期間の変動に伴う運転資金の増減

第54期月商140百万円×第54期立替期間長期化部分0.251カ月＝35.140百万円

よって、ア．18.920＋イ．35.140＝54.060≒54百万円

以上の検証結果から、B社の第54期計画は、棚卸資産の在高が第53期から2期連続で累計50百万円も増加することおよび回転期間の一層の長期化が進むことから、当社商品在庫について滞貨の懸念を持たざるを得ないと判断、A君は改めてB社を訪問し社長ヒアリングを行って実態を確認することとした。

（4）B社訪問と社長ヒアリング

A君は、B社本社の事務所を訪問した。

入り口には守衛所があり、A君は、社長への面会を告げ、受付簿に氏名と面会者、来社の用件を記入した。守衛は、早速社長にA君が訪問してきた旨、電話連絡した。

本社敷地には、倉庫と事務所が2棟建てられており、空き地に雑物が放置されているようなことはなく、整然と綺麗に整理されていた。

事務所に入ると、女子社員が持ちうけており、社長室に案内された。社長室は事務所の一番奥にあり、事務所の傍らの通路を社長室に向かった。事務所内の社員全員から「いらっしゃいませ」の声をかけられた。

事務所内は机が整然と並べられ、それぞれの机の上も整頓されており、

書類が机上に散乱している様子はない。事務室にいたのは女子社員3名、男子社員5名で、あとは営業に出かけている様子であった。

社長室での会話の要旨は次のとおりであった。

行員「御社の業界は、最近のデフレ不況の中、消費の低迷や、メーカーの小売店への直接取引など、業界を取り巻く環境は相当に厳しいようですが、今後の生き残りにかけ、どのような施策を考えていらっしゃいますか」

社長「そうですね、業界は多くの諸問題を抱えていることは事実ですが、弊社は、メーカーと消費者のパイプ役としての機能を果たすことが使命だと考えています。

特に取扱商品が消費生活に欠かせない必需品ですので、消費者ニーズに合致した商品を安価に提供していくことを経営理念としています。

私は、大半の時間、お得意様を訪問して、売れ筋商品の動向の把握を行いながら、販売企画の提案もしています。このように地域に根ざした小売業とのパートナーシップとしての役割は果たしていると自負しています。

現在は、消費者のニーズの把握がもっと的確にできる、VAN会社の情報ネットワークシステムの導入を検討しています。これは、販売店・卸業者・メーカーを結ぶネットワークで、販売店は、商品毎に商品が売れた都度、売上数量の情報がオンラインで、弊社に提供され、これを基にメーカーへ自動発注するシステムで、消費者のニーズが的確に捉えることができ、また、メーカーからの納品は、需要に基づいて行われるため、直ぐに販売店に納品することができ、在庫管理や商品毎の利益率の状況についても把握でき、経営効率化に大いに役立つシステムだと考えています」

行員「なるほど。ところで在庫の回転期間が業界平均に比べ約1カ月程度長くなっているようですが、在庫が増えた要因は何でしょうか。また、在庫管理に問題はなかったのですか」

社長「お客様から注文があった場合に、直ぐ納品できるように、若干多めに在庫を確保しておく必要がありましてね、多品種・少量の商売な

ので、どうしても在庫管理が行き届かない面もあります。しかし、資金面、効率から考えると管理は避けて通れない問題ですね」

行員　「過剰在庫の要因は、在庫管理の甘さがあったということですか。それ以外にも要因はなかったのですか」

社長　「それ以外にも、販売店から返品を受け、メーカー側に返品不能になったものもあります」

行員　「どのような商品が、過剰在庫となっているのですか」

社長　「そうですね、いろいろありますが、主なものはギフト用の化粧石鹸や洗剤等があります」

行員　「金額的にはどの程度になるのでしょうか」

社長　「そうですね、適正在庫としては、約1カ月程度は必要ですから、過剰在庫となっている分は、おおよそ40～50百万円程度だと思われます」

行員　「過剰在庫は、資金負担とそれにかかる金利負担、保管料負担など経済的に相当のロスが発生していますね、どのようにして過剰在庫を整理していくおつもりですか」

社長　「今期は、思い切って利益なしでの在庫処分を考えています」

行員　「それは、どのような方法でしょうか」

社長　「2～3具体化しています。一つは、空き店舗を2週間ほど借りて、消費者に直売を行います。二つ目は、販売店の店頭を借りて、客寄せのための販促品として処分します」

行員　「なるほど。実施の時期はいつ頃のご予定ですか。また、実施する場所や販売店はお決まりですか」

社長　「借店舗の方は、来月1日から10日まで、杉並区の商店街で決定しています。それから、販売店の方は、来月20日から3店舗でそれぞれ1週間ずつ実施します」

行員　「そうですか。それにより、金額でどの程度捌けるのでしょうか」

社長　「そうですね、借店舗の方では一日の売上を約60万円と見ています、10日間で約6百万円程度を見込んでいます。販売店の方は、1日約10万円として、3箇所で1週間で約2百万円程度となります。これを半年程度続けるつもりです。これにより大半の過剰在庫は処分できると思

っています。これは何が何でもやり遂げたいと固く決心して、従業員にも全員で協力してやり遂げるよう指示しており、このための打ち合わせ会議も数回行っています」

行員　「そうですか、是非やり遂げてください。さて、先ほどの、情報ネットワークシステムの導入の件ですが、資金的にご入用があれば、是非協力させていただきたいと思います」

社長　「現在、システム構築の細かい打ち合わせを行っている最中で、まもなく、機種やソフト関係が決まってきます。遅くとも、来月中には、決定すると思われます、その際には是非協力して下さい」

行員　「ところで、今期売上が120百万円増加する見込みとなっていますが、これはどのような理由からでしょうか」

社長　「先ほどの、在庫処分による増加分を約40〜50百万円見込んでいます。その他、今期後半からは情報システム導入による売上増加も見込んでいます」

行員　「先に提出された今期の資金繰予定表、財務諸表では、増加運転資金が約54百万円発生することになっており、その要因は、売上債権の増加が44百万円、在庫の増加が30百万円となっていますが、在庫を圧縮しようとしている中でやや不自然ではないですか」

社長　「…いや誠に申し訳ない。実は滞貨資金としての借入申込では、借入は難しいと考えまして、辻つま合わせに計画を作成してしまいました。早速、実態ベースの計画表を再提出しますので、ご勘弁ください」

行員　「当行は、御社のメインバンクですから実態を説明してください。滞貨資金であろうと、赤字資金であろうと、必要な資金なら支援させていただきます。ですから早急に計画書を修正してください」

行員　「ところで、回収条件についてお教えいただけますか」

社長　「全体をならして、平均として捉えると、回収条件は、毎月5日締めの翌月5日回収です、現金と手形の回収割合は、現金80％、残り20％が手形回収です」

行員　「手形サイトは、何日くらいでしょうか」

社長　「約3カ月です」

行員 「支払いの方はどうでしょうか」

社長 「支払いは、平均すると、毎月10日締めの翌月5日払いです、現金払いが75％、手形払いが25％、手形サイトは100日を基準としています」

行員 「前期末近くの1～3月の月別売上高と仕入高をお教えいただけますか」

社長 「ちょっと待ってください。○○さん、売上と仕入の帳簿を持ってきてください」

○○さん　社長に向かって、「お持ちいたしました、どこをご覧になりますか」

社長 「1～3月の売上と仕入の総額を知りたいのだが」

○○さん 「はい、直ぐお調べします。1月の売上は132百万円、2月が110百万円、3月が140百万円です。仕入の方は、1月100百万円、2月は115百万円、3月が110百万円となっています」

社長　○○さんに向かって、「どうもありがとう」

行員 「最後に、在庫の状態を確認させていただきたいので、本社倉庫の様子を見せていただきたいのですが、案内していただけますか」

社長 「そうですね、滞留在庫分はほとんど本社倉庫にありますのでよく確認してください。それではご案内いたします」

　本社倉庫は、鉄骨平屋建てで、おおよそ建坪は70坪程度である。縦に5列の棚があり、商品は整然と並べられていた。奥の方にややくすびたダンボール箱の一群があった。社長に尋ねたところ、これらが滞留在庫であるとの説明を受けた。

行員 「いろいろ有難うございました。早急に検討して、ご返事いたします、修正計画表のご用意はなるべく早くお願いいたします」

社長 「明日にでもお持ちします。是非よろしくお願いします」

③ 第54期修正計画の検証

　A君による社長ヒアリングの結果、B社から第54期修正計画として下記資料の再提出を受けた。

　　・貸借対照表（計画修正後）　　　図表2－(10)

・損益計算書（計画修正後）　　図表2-(11)
・資金繰予定表（計画修正後）　図表2-(17)

A君が自ら行った調査と第54期修正計画の検証結果は次のとおりである。

(1) 調査結果の確認作業

① 適正在庫についての考え方

A君が調べた、「主要日用雑貨卸売業の概況」によれば、わが国の最大手業者の棚卸資産の回転期間は、最短の会社で0.47カ月、最長で1.13カ月、5社の単純平均で0.71カ月となっている。

さらに、A君はTKC経営指標より、その他の卸売業が30.3日、荒物卸売業31.7日、化粧品卸売業27.2日となっていることを確認し、適正在庫率はほぼ1カ月分が妥当との結論に達した。

② B社の商品在庫水準の検証

前述の適正在庫の考え方に基づいて、B社の商品在庫の状況を貸借対照表上の商品在高と適正在庫水準（月商）との比較から検証してみると次のとおりである。

・第52期実績　　商品160百万円（適正在庫141百万円比1.13倍）
・第53期実績　　商品180百万円（適正在庫130百万円比1.38倍）
・第54期当初計画　商品210百万円（適正在庫140百万円比1.50倍）
・第54期計画修正後　商品150百万円（適正在庫140百万円比1.07倍）

したがって、当社は第53期実績時点ですでに50百万円（180百万円－130百万円）の過剰な商品在庫を抱えており、第54期当初計画の商品210百万円に至っては適正在庫水準を70百万円も超過することになる。ただし、第54期計画修正後は過剰在庫解消を目指すとの社長方針を反映して商品在庫を第53期末比▲30百万円減らすことから、ほぼ適正水準に戻る見込みである。

以上の検証結果から、A君は今回の増加運転資金申込み50百万円の実態は想定したとおり全額滞貨資金であると判定するとともに、下記の検証を行った。

（2）経常収支およびキャッシュフローの検証

① 経常収支の変化

図表2-（14）（イ）および（ロ）から、第54期計画修正後の経常収支尻は、当初計画の▲5百万円から19百万円のプラスに転じ、経常収支率も当初計画の99.70％から101.17％に改善される見込みである。この要因は、売上高は変更なく、売上債権の増加44百万円も同額、他の項目も大きな変更はないことから、棚卸資産の▲30百万円減少（当初計画は30百万円増加）が寄与している。よって、短期収支尻は当初計画の0から23百万円のプラス、同じく総資金収支尻も▲19百万円から5百万円のプラスに好転する。

② キャッシュフローの変化

図表2-（15）および図表2-（7）によると、第54期計画修正後のキャッシュフローの状況は、税金等調整前当期純利益こそ滞貨解消による損失発生を織り込んで当初計画の31百万円から1百万円へ激減するが、棚卸資産の減少▲30百万円により営業CFは▲3百万円から21百万円のプラスに改善する。

なお、投資CFおよび財務CFについてはともに変更はない。

（3）資金繰表（計画修正後）の検証

図表2-（17）により、第54期計画修正後の資金繰りの変化を検討した。

① 回収率の変化

第54期計画修正後の売上高は当初と同額の1,680百万円。これに対する売掛金回収額は現金回収1,325百万円、手形回収325百万円で総額1,650百万円となり当初の1,653百万円から▲3百万円とわずかながら減少する見込み。回収率も当初の98.4％から計画修正後は98.2％と0.2％低下するが回収率は依然として高い。

また、手形による回収率は当初の19.8％から修正後は19.7％とほとんど変化ない。

② 支払率の変化

仕入高は在庫を▲30百万円圧縮することになったため当初の1,310百万円から修正後は1,280百万円と▲30百万円減少。これに対する買掛

金支払額は当初の総額現金支払952百万円、手形支払318百万円で総額1,270百万円となりこちらも当初の1,305百万円から▲35百万円減少となる。支払率は当初の99.6％から修正後は99.2％と0.4％低下するのみでまず問題ない範囲である。手形支払率は当初の24.0％から25.0％と1.0％上昇し、手形回収率との比較による資金繰り上の優位性は若干ながら拡大する。

③ 棚卸資産在高の削減計画

第54期計画修正後の棚卸資産在高は、上半期中は前期末の180百万円のまま推移する見込で、この間は滞貨の圧縮はさほど進捗しないとみられる。したがって、第54期中の在庫削減計画▲30百万円は、滞貨解消促進策による売上高増強の効果が出始める下半期（第3四半期▲20百万円、第4四半期▲10百万円）で達成するとしている。

(4) 資金の運用・調達状況の検証

① 運転資金回転期間の変化

図表2-(23)によると、計画修正後では売上債権回転期間は当初の0.14カ月延びる計画のまま不変。買入債務回転期間は修正後は▲0.04カ月短縮となり当初の0.01カ月長期化比0.05カ月短くなる。一方、棚卸資産回転期間は変化が最も顕著で、修正後は▲0.31カ月と当初比▲0.43カ月短縮される。これは在庫削減▲30百万円を反映したものであり妥当と認められる。

以上の結果、第54期計画修正後の所要運転資金は第53期末と同額の246百万円となり増加運転資金は発生しないが、うち50百万円は異常資金としての滞貨資金と認定される。したがって、計画修正後第54期末の短期借入調達総額244百万円（短期借入金206百万円＋割引手形38百万円）については、経常運転資金部分が196百万円（246百万円－50百万円）、滞貨資金部分が48百万円（244百万円－196百万円）となり、滞貨資金を50百万円としたA君の判定は的確とみてよい。

計画修正後は増加運転資金の発生はないが、その要因分析の結果は次のとおり。

ア．売上増加に伴う増加運転資金

第54期計画修正後月商増加額10百万円×第53期立替期間1.892カ月＝18.920百万円

　イ．回転期間の変動に伴う運転資金の増減

　　第54期計画修正後月商140百万円×第54期立替期間短縮部分▲0.135カ月＝▲18.900百万円

　　よって、ア．18.920＋イ．▲18.900＝0.020≒0百万円

図表2－(23)　53期・54期の所要運転資金・回転期間（計画修正後）

（単位：百万円、月）

	第53期（実績）		第54期（計画修正後）		増減	
	月商	130	月商	140	月商	10
	残高	回転期間	残高	回転期間	残高	回転期間
売上債権	310	2.39	354	2.53	44	0.14
受取手形	80	0.62	94	0.67	14	0.05
売掛金	230	1.77	260	1.86	30	0.09
棚卸資産	180	1.38	150	1.07	－30	－0.31
買入債務	244	1.88	258	1.84	14	－0.04
支払手形	88	0.68	92	0.66	4	－0.02
買掛金	156	1.20	166	1.18	10	－0.02
所要運転資金	246	1.89	246	1.76	0	－0.13

　②　資金運用表の変化

　図表2－(13)から、計画修正後の資金の運用と調達状況の変化をみると、長期資金では、運用部分は当初計画比▲1百万円の23百万円でほとんど変化ないが、調達部分は税引前当期純利益が当初の31百万円から1百万円へ▲30百万円減少する。よって、長期資金全体では当初の28百万円調達超過から修正後は▲1百万円の調達不足に転じる。一方、運転資金では、運用部分は棚卸資産が当初の30百万円増加から修正後は▲30百万円の減少に逆転し、運用合計でも当初比▲60百万円の減となる。調達部分は買入債務増加の当初比▲6百万円減少することにより調達合計でも▲7百万円減少となるが、運用部分の減少額が大きく、運転資金全体では当初の▲50百万円調達不足から3百万円の調達超過となる。

　以上の結果、修正後は長期資金および運転資金合計で2百万円の調達超過となり、借入金全体の増加3百万円を加えて現預金は5百万円増加

する。

(5) 経営指標の変化

図表2-(12)で計画修正後における主な指標の変化を確認してみる。

① 長期安全性

計画修正後は、当期純利益が当初の18百万円からわずか1百万円に減少するため自己資本比率は当初比若干低下するが業界平均は確保している。同様に固定比率、固定長期適合率も多少悪化するがまず問題ない。

② 短期安全性

流動比率は当初比わずかに下落するが100％以上は十分確保、当座比率は現預金の増加により8％弱好転する。ただし、いずれも業界平均比見劣りすることに変わりはない。

③ 収益力

売上高総利益が当初の400百万円（売上高総利益率23.8％）から370百万円（同22.0％）と▲30百万円下方修正、営業利益、経常利益も同額の減益となることから、総資本経常利益率および各段階の売上高対比利益率は大幅低下となる。

(6) 滞貨資金について

① 滞貨の種類

イ．季節外れ在庫（季節性の強い商品で、販売時期を逸してしまうとまったく売れなくなって残った在庫）

ロ．持ち越し在庫（季節商品で来シーズンまで持ち越す在庫）

ハ．半端もの在庫（セット商品がばら売りされ、残った商品が売れ残ってしまった在庫）

ニ．返品不能在庫（メーカーからの仕入条件で「返品不能」商品の売れ残り在庫）

ホ．商品回転率が低い商品の長期在庫（年に数個しか売れることのない商品の在庫）

② 滞貨の発生要因

滞貨の発生要因としては、次のようなものがある。

イ．内部要因

a．在庫管理が悪く、いつの間にか過剰在庫となるもの

　　　b．在庫管理ミスによりメーカーに返品できなくなった在庫

　　　c．季節商品でその季節に売れ残った在庫

　　　d．メーカー報奨金（リベート）の獲得のため余分に仕入れた在庫

　　　e．売れ筋商品の読み違いにより余分に仕入れたものの売れ残った在庫

　ロ．外部要因

　　　a．市況、需要の変化により販売不振となった在庫

　　　b．強力な販売ライバルの出現により販売不振となった在庫

③　滞貨の問題点

イ．滞貨資金支援のポイント

　資金的には、過剰在庫としての資金負担、売上不振による回収資金の減少による資金負担、最悪のケースでは、赤字の発生を招き赤字資金の資金需要の発生につながり、資金繰りは逼迫していく。このため、滞貨資金を支援する場合には、滞貨の解消の見通しを明確にすることがポイントとなる。

ロ．滞貨資金の特徴

　滞貨資金の発生現象としては、滞貨を理由に、新たに資金需要が発生するものではなく、滞貨資金として借入を申込まれるケースはない。資金需要の発生要因は、過剰在庫が資金負担の根源となり、既存借入の返済やその他の経費の支払いなどの資金不足が発生するもので、結果として在庫が過剰となっていることから、滞貨資金として分類されるのである。

　このため、滞貨資金は、見せかけの増加運転資金として申込まれる。本事例でも、売上増加に伴う増加運転資金として申込みがなされている。第54期当初計画の立替期間2.14カ月からすると、回収条件・支払条件に変化がない限り、増加運転資金は約21百万円（月商増加額10百万円×2.14カ月≒21百万円）で済むはずである。

ハ．B社の過剰在庫の原因

　B社の過剰在庫の要因としては、社長の説明のとおり、一つには

在庫管理の杜撰さがあったこと、二つ目には一部返品があったが、メーカーへの返品可能時限を経過してしまっており、在庫として滞留してしまったことが原因であると判断できる。

(7) 企業資質と将来性評価

日用雑貨卸売業には、以下の問題点と今後の課題がある。

① 問題点

イ．個人消費の長引く低迷

ロ．デフレによる価格破壊の進行による商品単価の下落

ハ．小売業の量販店によるメーカー直結仕入の拡大

ニ．大手業者の再編による寡占化の進行

ホ．広域量販店と広域卸との取引の増加

② 今後の課題

日用雑貨卸売業は、価格競争の激化、経営環境の激しさが増しており、一層の経営改善が迫られている。今後の課題としては、次の事項が考えられる。

イ．取引先の確保

ロ．多様化する小売店ニーズへの対応

ハ．ローコスト経営システムの確立

ニ．物流システムの構築・整備

ホ．小売店支援のためのノウハウの蓄積と支援体制の確立

③ 求められる今後の対応

以上から、日用雑貨卸売業者の今後の対応としては、次の事項が考えられる。

イ．情報・物流システム構築による効率化の促進

ロ．小売店・消費者のニーズを把握した、プライベート商品の開発

ハ．顧客対象を消費者にまで広げた直接小売の導入

B社の企業資質を総括すると、業界は前述の多くの問題点を抱えてはいるが、業種的に日用必需品の取扱いであり、衰退業種とはいえない。また、中間流通の機能として、販売店・消費者・メーカーへの情報提供者としての役割は大きなものがあり、中間流通の需要・使命は今後ます

図表2−(24) 企業資質の判断

	項目	判定基準
	存続基盤	日用必需品の卸売業務 地元密着型企業
問題点に対する対応	①消費の低迷・価格破壊（B社の売上減少傾向への歯止め策）	VANシステム導入により対応
	②ローコスト経営システムの確立	
	③小売店・消費者ニーズの把握	
	④小売店支援	商品企画などアドバイス実施済み VANシステム導入によりさらに適切なアドバイスが可能
	⑤物流システムの構築	本社倉庫・埼玉県下に配送センター保有
	⑥直接小売への展開	今期、在庫処分を狙いとして試行
	⑦業界再編への対応	今後の課題
	⑧プライベート商品の開発	
財務・効率面 財務	①自己資本比率	業界平均より高い
	②収益性	粗利益率が業界平均より低く、仕入先の見直し等必要
	③資金繰り	現預金比率は高い
	④含み資産	法人の所有不動産、時価570百万円有
効率	①総資本回転率	固定資産への投下資本が多く、総資本回転率は低い
	②従業員一人当り年間売上高	業界平均より高い

ます増えていくものと考えられる。今まで、販売店、消費者ニーズの把握、在庫管理にやや出遅れた感は否めないものの、新システムの導入により、消費者ニーズの的確な把握および迅速な供給、メーカーへの売れ筋商品の情報提供と自動発注による在庫の縮小化、商品毎の利益率の把握による取扱商品の選別など、効率面で相当の効果が期待できる。残る課題としては、業界の再編が進んでおり、この中でどのように対応していくのか、同業者とのグループ化・共同仕入・配送などでの連携を図るのか、独立業者として単独で生き残りを図るのか、この点については今後の動きを注視する必要がある。

(8) 経営者の資質

B社の社長の資質については、過去の取引およびヒアリング時の会話を通じて図表2−(25)のように判定される。

図表2-(25) 経営者の資質

	項目	判断基準
経営者の資質	経歴(業界事情に通じているか)	総合商社への勤務歴あり、業界事情には詳しい
	経営手腕	在庫管理には甘さがあった。また、ここ数期売上減少を食い止められなかったことは、経営手腕に問題があったことになる。しかし、外部環境よりやむを得ない部分もあった
	指導力・統率力・行動力	自ら率先垂範し販売店回りを行っている。また、従業員もそれに従って行動している
	先見性・決断力	滞貨を招いた結果責任はある。この意味では先見性・決断力は弱いといえるが、新システム導入は今後の経営上必要不可欠であり、この点では評価できる
	企画・創造力	販売店への商品企画などを提案しており、ある程度の企画力・創造力はある。また、借店舗での直販は一つのアイデアである
	問題意識	在庫についての問題意識は大いにある
	人間性	滞貨資金を増加運転資金として申込んだのは遺憾だが、ヒアリング時に正直に打ち明けており、信頼に足る人物である
	社員教育	従業員は礼儀正しく、皆素直で好感がもてる
	個人資産の背景	相続資産だが、所有不動産時価150百万円、現預金50百万円あり
	財務・経理の管理能力	過剰在庫の数値も把握しており、無関心ではない
従業員	執務環境	本社社屋敷地および事務所とも綺麗に整理・整頓されている。また、倉庫内も整然と格納されている
	労働意欲・成果	従業員一人当り売上高が示すとおり、成果を十分あげている
	協調性	社長の指示に従い、皆和気あいあい従事している

　B社社長の経営能力を総括すると、ここ数期連続しての売上減少を招いたこと、また、過剰在庫となった経営上の責任は大いにあるといえるが、幸い赤字計上には至っておらず完全な失政であったとは言い切れない。自ら販売店へのアドバイスを行っていること、従業員教育も行き届いていること、今期過剰在庫一掃を計らんとしていること、新システム導入を行い、卸売業者としての役割を遂行していこうとする経営姿勢は評価できる。

④ 総合判断

　以上の検討およびヒアリングの結果から、今回の増加運転資金50百万

円の申込みは全額滞貨資金であることが判明したが、滞貨資金を採りあげる際に最も重要な点は、滞貨の内容解明とその解消見込である。

　Ｂ社の場合、滞貨の内容は日用品・雑貨等の生活必需品がほとんどで、最終的に陳腐化やデッドストック化する心配はまずないと考えてよい。

　また、滞貨の解消方策については、社長ヒアリングの説明から取引先小売店向け販促品としての処分、借店舗での自社直販等を決定済みで、早期実現は十分可能であると認められる。一方、滞貨の解消過程で発生が予想される利益面へのマイナス影響については、修正後の計画では、売上総利益、営業利益、経常利益はいずれも▲30百万円減少、当期純利益も▲17百万円減益としており十分織り込まれている。

　社長自身も、このような過剰在庫を抱えることになった原因が仕入・在庫管理面の甘さにあった点を十分認識しており、今後速やかな改善を約束している。

　社長の人柄、経営能力には基本的には問題なく、滞貨の解消により返済資源も確保されることから、本件はメインバンクとして申込みどおり全額支援のこととする。ただし、申込み額50百万円については、第２四半期20百万円、第３四半期30百万円の分割実行とし、期限は１年以内、返済条件は第54期中に24百万円、第55期上半期に残り26百万円とする。保全面は、短期融資でありＢ社支援の観点から今回は新たな担保は徴求せず信用扱いとする。

　なお、滞貨の実際の解消状況および利益面への最終的な影響額については引き続き注視してゆくこととする。

事例3

建設業　赤字資金
－建設工事業K社の分析－

1 申込内容と経緯

① 借入申込の要旨

　K社はT県で業歴55年を有する建設工事業、先代よりT県K市の公共工事に強みを持っている。業績は第49期が売上高445百万円、経常利益5百万円、第50期が売上高442百万円、経常利益7百万円と辛うじて利益を計上している。しかしながら第50期決算の内容を精査したところ、未成工事支出金の一部が実態不良化している懸念があり、実態の期間損益も赤字の懸念があるため、当行は当社の債務者区分を要注意先とした。一方、貸借対照表のバランスは139百万円という厚い表面自己資本に支えられ債務超過には至っていない状況。また、業歴の古さから所有不動産の含みも大きい。ただし、先代社長時代の積極的な借入により借入は業容比過大で、借入回転期間は10.54月と業界平均の4.89月を大きく上回っているという問題もある。

　以上より、K社のメイン銀行である当行も慎重に対応しているところである。

　今般、現在進行中の工事に係わる外注費支払いの前倒し要請があり、K社としては下請先対策上、支援を要するとの判断であるが、これに応じると当月（2月）20日の外注費支払資金が不足するため15百万円の借入調達が必要であるとして、当行に対し15百万円全額について借入の申出があった。

② 申込内容と経緯

~~~
1．申出金額　　15百万円
2．借入期間　　5年（または最短1カ月）
3．返済方法　　借入の翌月から5年分割（または期日一括）
4．返済原資　　工事代金回収金
5．金利　　　　2.375％
6．担保　　　　既取得不動産担保の担保価値範囲内
~~~

　先代社長の時代より懇意にしている下請け業者が昨年暮れ不渡りを掴まされ資金繰りが逼迫、当社に対し、支払いを1カ月早めてもらえないかとの打診があったもの。当社社長としても先代からの長い付合いであり、申出に応じ12月以降より支払条件を緩和して対応してきたものの、今度は自社の資金繰りが厳しくなった次第である。先月（1月）準主力行のK信用金庫から長期運転資金8百万円を調達、今月は返済も大分進んだメインである当行にそろそろ長期運転資金を支援してもらえると考え資金繰りについては楽観視していた。また、仮に長期借入が難しくても来月には、回収代金と前渡金が入金される見込みがあることから、今回の申出の裏には2月1カ月間の資金繰りをつければ乗り切れるとの腹づもりもうかがえる。

　したがって、当行には可能ならば5年くらいの長期運転資金、最低1カ月の短期借入の申出となった。当行は前期が実態赤字の会社であることから「赤字資金」となる可能性が高いが、バランス上の自己資本はプラスで、まだ体力はあり、また永年のメイン先でもある。しかし状況を見極める必要性から1カ月の短期支援ならば検討可能と判断し、当社の申出に対し融資期間1カ月ということで検討することとした。

③ 会社の概要

(1) 会社の概要

① 会社の沿革

　K社は現在の社長の父親が昭和36年に地元であるT県K市で個人創業した従業員10名の創業以来地元に根ざした中小建築業者である。主要な受注工事は個人の居宅建築工事・JV下請け・県営住宅建築工事・学校保育園の改修工事・ビル、マンション改修工事等を手掛けている。代表者はK市やT県の業界団体の要職も歴任するなど地元の信頼や評判も良好。また堅実な経営によりバブル期にも不動産等の投資にも走らず真面目に本業に特化してきた。

② 経営者

　現在の社長は大学卒業後中堅の建築工事会社で4年間修行後当社に入社し、2年前に父親が会長に退き代表取締役社長を禅譲された。社長自身もすでに年齢は58歳ではあるが、社長の27歳の長男がすでに当社に入社しており、いずれ当社の後継者になると目されている。社長の性格は真面目で当社の問題点も相応認識していると見られ、銀行の指導も真摯に受け止めるタイプで、不況色の強い中、古参社員の反発も抑え経営改革に取組んでいる。

③ 会社の現況

　当社の現況はまさに日本の景況そのものであり、バブル経済を頂点に低迷している。その要因は経済の先行き不透明感による民間建設投資の減少や自治体の公共投資が財政の悪化から冷え込んでいる影響といえる。そうした状況の中、当社は先代時代から築いたT県やK市との太いパイプを生かして、低迷しているとはいえ現状程度の受注の確保は可能な模様である。

④ 業界事情

　建築工事業の位置づけは、建設業法の28業種の建築一式工事とある。また、一般的には総合工事業と専門工事業に分類される。市場環境は戦後最大の不況下、マンション需要に支えられてはいるものの、民間非住

宅部門の不振に業績の低迷を余儀なくされている。建設投資の国内総生産に占める割合は、昭和54年度の21.3％をピークに昭和60年度には15.3％まで減少するが、その後バブル経済で反転し、平成2年度には18.1％となるが、バブル経済崩壊以降は落ち込む一方で、毎年過去最低の水準を更新している。平成20年度は9.5％にまで低下し、平成21年度は9.8％となる見通しである（資料：国土交通省総合政策局）。

(2) 財務諸表とその他の資料

① K社提出資料
- 損益計算書（図表3-(1)）
- 貸借対照表（図表3-(2)）
- 工事原価報告書（図表3-(3)）
- 販売費・一般管理費内訳（図表3-(4)）

② 当行作成資料
- 資金運用表（図表3-(5)）
- 財務比率比較表（図表3-(6)）
- 運転資金算定表（図表3-(7)）
- 銀行別融資残高と申込シェア（図表3-(8)）
- 総与信と担保状況（図表3-(9)）
- キャッシュフローの推移と債務償還年数（図表3-(10)）
- 資産実態バランス（第50期）（図表3-(11)）
- 再評価資産明細（第50期）（図表3-(12)）
- 予想資産実態バランス（第51期）（図表3-(13)）
- 月次資金繰計画実績表（図表3-(14)）

図表3-(1) 損益計算書

(単位:百万円)

	第49期 実績	第50期(実績)			第51期(見込)		
	金額	金額	増減額	増減率	金額	増減額	増減率
売　上　高	445	442	-3	-0.7%	424	-18	-4.1%
売　上　原　価	358	359	1	0.3%	350	-9	-2.5%
売　上　総　利　益	87	83	-4	-4.6%	74	-9	-10.8%
(売上高総利益率)	(19.6%)	(18.8%)	(▲0.8%)		(17.5%)	(▲1.3%)	
販売費・一般管理費	71	63	-8	-11.3%	64	1	1.6%
営　業　利　益	16	20	4	25.0%	10	-10	-50.0%
(売上高営業利益率)	(3.6%)	(4.5%)	(0.9%)		(2.4%)	(▲2.1%)	
営　業　外　収　益	5	2	-3	-60.0%	10	8	400.0%
営　業　外　費　用	16	15	-1	-6.3%	15	0	
(うち支払利息)	(11)	(13)	(2)	18.2%	(13)	(0)	
経　常　利　益	5	7	2	40.0%	5	-2	-28.6%
(売上高経常利益率)	(1.1%)	(1.6%)	(0.5%)		(1.2%)	(▲0.4%)	
特　別　利　益	0	0	0		0	0	
特　別　損　失	0	0	0		0	0	
法　人　税　等	2	3	1	50.0%	1	-2	-66.7%
当　期　純　利　益	3	4	1	33.3%	4	0	
(売上高純利益率)	(0.7%)	(0.9%)	(0.2%)		(0.9%)	(0.0%)	
参考　減価償却費	2	2			2		

図表3-(2) 貸借対照表

(単位:百万円)

	第49期 (実績)	第50期 (実績)	第51期 (見込)		第49期 (実績)	第50期 (実績)	第51期 (見込)
現　金　預　金	238	114	78	支　払　手　形			
受　取　手　形			1	工　事　未　払　金	25	24	25
完成工事未収入金	38	136	117	短　期　借　入　金	218	216	208
				未成工事受入金	45	42	10
未成工事支出金	191	146	140	未払法人税等	2	3	0
有　価　証　券	7	7	7	その他流動負債	3	5	4
Ｊ　Ｖ　仮　払　金	5	44	45				
(流動資産計)	479	447	388	(流動負債計)	293	290	247
建　　　　　物	51	50	47	長　期　借　入　金	205	172	147
土　　　　　地	25	25	25				
機　械　装　置	42	42	40	(固定負債計)	205	172	147
その他固定資産	1	1	1	負　債　計	498	462	394
				資　本　金	15	15	15
投資その他の資産	35	36	36	資　本　剰　余　金	6	6	6
				資　本　準　備　金	6	6	6
				利　益　剰　余　金	114	118	122
				利　益　準　備　金	4	4	4
				その他利益剰余金	110	114	118
				任　意　積　立　金	100	100	100
(固定資産計)	154	154	149	繰越利益剰余金	10	14	18
繰　延　資　産				純　資　産　計	135	139	143
資　産　合　計	633	601	537	負債・純資産合計	633	601	537
				※割引手形	0	9	0

事例3　建設業　赤字資金

図表3-(3)　工事原価報告書

(単位：百万円)

		第49期		第50期		増減
		(実績)	％	(実績)	％	
材　料　費		5	1.6%	18	5.1%	13
労務費	賃　金・賞　与	40		51		11
	福利厚生費	2		2		0
	通勤交通費	2		2		0
	そ　の　他					
	計	44	14.1%	55	15.6%	11
外　注　加　工　費		251	80.2%	259	73.4%	8
経費	仮　設　経　費	5		8		3
	動力用水光熱費	1		1		0
	運　搬　費	3		2		-1
	機　械　等　経　費	1		1		0
	保　険　料	1		1		0
	そ　の　他	2		8		6
	計	13	4.1%	21	5.9%	8
当期総工事費用		313	100%	353	100%	40
前期末未成工事支出金		191		146		-45
当期末未成工事支出金		146		140		-6
当期売上原価		358		359		1

図表3-(4)　販売費・一般管理費内訳

(単位：百万円)

	第49期		第50期	
	(実績)	％	(実績)	％
役　員　報　酬	20	28.2%	20	31.7%
給　与・賞　与	13	18.3%	10	15.8%
福利厚生費	8	11.3%	8	12.6%
企業年金掛金	2	2.8%	2	3.2%
事務用品費	3	4.2%	3	4.8%
旅費交通費	3	4.2%	2	3.2%
交　際　費	2	2.8%	2	3.2%
減価償却費	2	2.8%	2	3.2%
租　税　公　課	8	11.3%	6	9.5%
保　険　料	3	4.2%	3	4.8%
その他経費	4	5.7%	3	4.8%
雑　費	3	4.2%	2	3.2%
合　計	71	100%	63	100%

図表3-(5) 資金運用表

(単位:百万円)

運　　　用	第50期(実績)	第51期(見込)	2期間合計	調　　　達	第50期(実績)	第51期(見込)	2期間合計
納　税　資　金	2	4	6	税引前当期純利益	7	5	12
				引　　当　　金			
設　備　投　資	1	-3	-2				
投　資　そ　の　他	1	0	1	減　価　償　却　費	2	2	4
長期借入金の減	33	25	58	長期借入金の増			
固　定　資　金　計	37	26	63	固　定　資　金　計	9	7	16
受　取　手　形	9	-8	1	支　払　手　形			
完成工事未収入金	98	-19	79	工　事　未　払　金	-1	1	0
未成工事支出金	-45	-6	-51	未成工事受入金	-3	-32	-35
Ｊ　Ｖ　仮　払　金	39	1	40	その他流動負債	2	-1	1
割引手形の減		9	9	割引手形の増	9		9
短期借入金の減	2	8	10	短期借入金の増			
流　動　資　金　計	103	-15	88	流　動　資　金　計	7	-32	-25
運　　用　　計	140	11	151	調　　達　　計	16	-25	-9
現　預　金　の　増				現　預　金　の　減	124	36	160
合　　　　　計	140	11	151	合　　　　　計	140	11	151

図表3-(6) 財務比率比較表

	第49期(実績)	第50期(実績)	第51期(見込)	中小企業建設業平均
総資本経常利益率(%)	0.8	1.2	0.9	1.6
売上高総利益率(%)	19.6	18.8	17.5	24.9
売上高営業利益率(%)	3.6	4.5	2.4	1.2
売上高経常利益率(%)	1.1	1.6	1.2	1.0
売上高当期純利益率(%)	0.7	0.9	0.9	0.5
流　動　比　率(%)	163.5	154.1	157.1	142.3
当　座　比　率(%)	96.6	88.6	82.2	99.6
自　己　資　本　比　率(%)	21.3	23.1	26.6	14.3
売上債権回転期間(月)	1.02	3.94	3.34	1.54
棚卸資産回転期間(月)	5.15	3.97	3.97	0.49
買入債務回転期間(月)	0.67	0.65	0.71	0.76
収　支　ズ　レ(月)	5.50	7.26	6.60	1.27
借　入　依　存　度(%)	66.8	66.1	66.1	56.3

※中小企業建設業平均:中小企業庁編「中小企業の財務指標」平成17年数値

事例3　建設業　赤字資金

図表3－(7)　運転資金算定表

(単位：百万円)

			第50期（実績）		第51期（見込）		増　減	
（月間平均売上高）			36.8		35.3		－1.5	
			残高	回転月数	残高	回転月数	残高	回転月数
運		受 取 手 形	9	0.24	1	0.03	－8	－0.21
		完成工事未収入金	136	3.70	117	3.31	－19	－0.39
	売 上 債 権 計		145	3.94	118	3.34	－27	－0.60
	未 成 工 事 支 出 金		146	3.97	140	3.97	－6	0
	小　　　計　　①		291	7.91	258	7.31	－33	－0.60
	その他流動資産		51		52		1	
運 用 計 （ ア ）			342		310		－32	
調		支 払 手 形						
		工 事 未 払 金	24	0.65	25	0.71	1	0.06
	買 入 債 務 計		24	0.65	25	0.71	1	0.06
	未 成 工 事 受 入 金		42	1.14	10	0.28	－32	－0.86
	小　　　計　　②		66	1.79	35	0.99	－31	－0.80
	その他流動負債		8		4		－4	
調 達 計 （ イ ）			74		39		－35	
①－②			225	6.12	223	6.32	－2	0.20
（ア）－（イ）			268		271		3	
				(月商比)		(月商比)	増　減	
	割 引 手 形		9	0.25	0	0	－9	－0.25
	短 期 借 入 金		216	5.87	208	5.89	－8	0.02
	長 期 借 入 金		172	4.67	147	4.17	－25	－0.50
借 入 調 達 計			397	10.79	355	10.06	－42	－0.73
現 　 預 　 金			114	3.10	78	2.21	－36	－0.89

121

図表3-(8)　銀行別融資残高と申込シェア

		融資シェア					各行分担	
		第50期（実績）		第51期（見込）			申込額	%
		残高(百万円)	%	残高(百万円)	%		(百万円)	
当行	商手							
	短期	85		100			15	100
	長期	172		139				
	計	257	64.7	239	67.3		15	100
K信金	商手	9		0				
	短期	131		108				
	長期			8				
	計	140	35.3	116	32.7			
合計	商手	9		0				
	短期	216		208			15	100
	長期	172		147				
	計	397	100	355	100		15	100

図表3-(9)　総与信と担保状況

（単位：百万円）

総与信		
	第50期(残高)	第51期(見込)
商手		
短期	85	100
長期	172	139
合計（A）	257	239

引当担保	
種類	第50期(残高)
不動産（根）	266
マル保	90
合計（B）	356
第50期(B)－(A)	99

事例3　建設業　赤字資金

図表3-(10)　キャッシュフローの推移と債務償還年数

(単位：百万円)

	第45期	第46期	第47期	第48期	第49期	第50期	5期増減
売上高	522	478	528	472	445	442	-80
売上原価	436	392	452	389	358	359	-77
売上総利益	86	86	76	83	87	83	-3
販売費・一般管理費	77	74	66	66	71	63	-14
営業利益	9	12	10	17	16	20	11
①経常利益	4	4	5	6	5	7	3
②当期純利益	3	3	5	4	3	4	1
③減価償却費	2	0	0	0	2	2	0
④留保利益(②+③)	5	3	5	4	5	6	1
⑤期末総借入推移	363	479	478	362	423	388	25
⑥期末所要運転資金	94	266	183	200	159	225	131
⑦期末現預金推移	246	270	202	144	238	114	-132

【キャッシュフローの推移】

	第45期	第46期	第47期	第48期	第49期	第50期	5期累計
営業CF推移	-	-88	-68	57	39	-87	-147
投資CF推移	-	-4	1	1	-6	-2	-10
財務CF推移（総借入増減）	-	116	-1	-116	61	-35	25
現預金増減	-	24	-68	-58	94	-124	-132

【総借入の収益償還年数】

⑧ (⑤÷④)	72.6	159.7	95.6	90.5	84.6	64.7

【所要運転資金控除後・現預金控除前の収益返済対象借入と償還年数】

⑧対象借入(⑤-⑥)	269	213	295	162	264	163
⑨収益償還年数（⑧÷④）	53.8	71.0	59.0	40.5	52.8	27.2

【所要運転資金控除後・現預金控除後の収益返済対象借入と償還年数】

⑩対象借入（⑤-⑥-⑦）	23	-57	93	18	26	49
⑪収益償還年数（⑩÷④）	4.6	-19.0	18.6	4.5	5.2	8.2

図表3-(11) 資産実態バランス (第50期)

(単位:百万円)

	簿価	ゴーイングコンサーン 含み損益	ゴーイングコンサーン 時価	全資産ベース 含み損益	全資産ベース 時価		簿価	ゴーイングコンサーン 時価	全資産ベース 時価
現金預金	114	0	114	0	114	工事未払金	24	24	24
受取手形	0	0	0	0	0	短期借入金	216	216	216
完成工事未収入金	136	−30	106	−30	106	未成工事受入金	42	42	42
未成工事支出金	146	−63	83	−63	83	未払法人税等	3	3	103
有価証券	7	−4	3	−4	3				
JV仮払金	44	−4	40	−4	40	その他流動負債	5	5	5
(流動資産計)	447	−101	346	−101	346	(流動負債計)	290	290	390
建物	50	0	50	−50	0	長期借入金	172	172	172
機械装置	42	−10	32	−10	32				
土地	25	0	25	395	420	(固定負債計)	172	172	172
その他固定資産	1	0	1	0	1	(負債計)	462	462	562
						資本金	15	15	15
						資本剰余金	6	6	6
ゴルフ会員権	6	4	10	4	10	資本準備金	6	6	6
生命保険	30	0	30	0	30	利益剰余金	118	11	256
						利益準備金	4		
						その他利益剰余金	114		
						任意積立金	100		
						繰越利益剰余金	14		
(固定資産計)	154	−6	148	339	493	(純資産計)	139	32	277
資産計	601	−107	494	238	839	負債・純資産計	601	494	839

図表3-(12) 再評価資産明細 (第50期)

(単位:百万円)

種類・内訳	内容(所在・銘柄)	面積・数量	簿価	時価	含み損益
建物	本社		建物計50	0	−50
建物	資材置き場				
建物	営業所				
土地	K市K町1−1−1(本社)	110坪	6	90	84
土地	K市K町1−1−2(駐車場)	65坪	4	70	66
土地	Y市Y町1−1−1(資材置き場)	111坪	3	100	97
土地	K市Z町35−2(貸しビル)	415坪	11	110	99
土地	Z市135−1(営業所)	27坪	1	50	49
土地計			25	420	395
土地・建物計			75	420	345
有価証券	A株		4	1	−3
有価証券	B株		3	2	−1
ゴルフ会員権	Cカントリークラブ		6	10	4
生命保険	D生命		30	30	0
その他計			43	43	0
総資産(a)			118	463	345
総借入(b)			388	388	
純資産(a−b)				75	

事例3　建設業　赤字資金

図表3-(13)　予想資産実態バランス(第51期)

(単位：百万円)

	簿価(計画)	全資産ベース時価	全資産ベース土地売却・借入返済後時価		簿価(計画)	全資産ベース時価	全資産ベース土地売却・借入返済後時価
現金預金	78	78	78	工事未払金	25	25	25
受取手形	1	1	1	短期借入金	208	208	208
完成工事未収入金	117	87	87	未成工事受入金	10	10	10
未成工事支出金	140	77	77	未払法人税等	0	101	53
有価証券	7	3	3				
JV仮払金	45	41	41	その他流動負債	4	4	4
(流動資産計)	388	287	287	(流動負債計)	247	348	300
建物	47	0	0	長期借入金	147	147	77
機械装置	40	30	30				
土地	25	420	300	(固定負債計)	147	147	77
その他固定資産	1	1	1	(負債計)	394	495	377
				資本金	15	15	15
				資本剰余金	6	6	6
ゴルフ会員権	6	10	10	資本準備金	6	6	6
生命保険	30	30	30	利益剰余金	122	262	260
				利益準備金	4		
				その他利益剰余金	118		
				任意積立金	100		
				繰越利益剰余金	18		
(固定資産計)	149	491	371	(純資産計)	143	283	281
資産計	537	778	658	負債・純資産計	537	778	658

(注1)　第51期簿価(計画)　図表3-(2)　より
(注2)　全資産ベース時価
　①完成工事未収入金87＝簿価117－含み損30　②未成工事支出金77＝簿価140－含み損63　③有価証券3＝簿価7－含み損4
　④JV仮払金41＝簿価45－含み損4　⑤建物0＝簿価47－含み損47　⑥機械装置30＝簿価40－含み損10　⑦土地420＝簿価25＋含み益395
　⑧ゴルフ会員権10＝簿価6＋含み益4　⑨未払法人税等101＝簿価0＋含み益見合い法人税等101(差引剰余損益241×42％)　⑩利益剰余金262＝簿価122＋法人税等控除後含み損益140(差引含み損益241－101)
(注3)　土地売却・借入返済後時価
　①現金預金78＝時価78＋土地代金120－(法人税等納付48＋売却費用2＋長期借入金返済70)　②土地300＝時価420－売却土地時価120(駐車場70＋営業所50)　③未払法人税等53＝時価101－法人税等納付48　④長期借入金77＝時価147－返済70　⑤利益剰余金260＝時価262－売却費用2

図表3-(14)　月次資金繰計画実績表

(単位：百万円)

	11月実績	12月計画	12月実績	1月計画	1月実績	2月計画	修正計画	3月計画	修正計画	4月計画
前月繰越	5	3	3	17	6	9	4	4	4	44
現金回収	24	62	63	22	33	24	14	18	33	26
(回収手形)	6	6	6	8	8	7	7	7	7	8
前受金								60	60	
現金支払	28	36	47	33	46	31	31	36	36	36
営業収支	-4	26	16	-11	-13	-7	-17	42	57	-10
借入(当行)							15			
借入(K信金)		25	25		8					
割引(K信金)	6	6	6	8	8	7	7	7	7	8
借入返済	4	43	44	5	5	5	5	9	24	25
(うち当行返済)	3	3	3	3	3	3	3	3	18	3
翌月繰越	3	17	6	9	4	4	4	44	44	17

2 業界事情と審査のポイント

① 業界の規模

建設業全体の許可業社数は513,196社で、資本の階層別では個人企業が21.0％、資本金3億円未満の法人が49.1％、両者の合計で70.1％に及び、まさに中小企業の群雄割拠の状況である。また建設業に占める建築工事業者数のシェアも36.0％と圧倒的に多い（平成22年3月末現在、資料：国土交通省総合政策局より）。

② 市場の状況

長らく拡大を続けていた建設市場はバブル崩壊後の90年後半から縮小局面に入っている。平成22年度のわが国の建設投資は38兆5,000億円前後の見通しである。バブル崩壊後、民間設備投資が縮小した分を、公共投資が補う形で建設市場を下支えしてきた。しかし、税収減による財政悪化・公共投資に対する批判的な世論、上下水道を始めとする社会資本整備の進展などを背景に、公共投資もここ数年縮小に転じている。

建設投資の構造は平成22年度で、政府・民間別では41対59、建築・土木別では55対45の割合である。特に政府土木が35.5％、民間住宅が33.5％、民間非住宅が16.5％などのウエイトとなっている。すなわち、公共投資の拡大に比し、バブル崩壊後の民間非住宅部門の落ち込みが浮き彫りになっている。

なお、不況により建材価格は安定の方向にあり、今後は価格競争の激化が予想される。住宅投資は着工戸数で前年度より若干の増加が予測され、投資ベースでも増加の見通しである。一方、民間非住宅需要はバブル期に積み上がったストック調整の本格化と企業の設備投資抑制から、回復の見通しはない状況である。

③ 今後の展望

　建築工事業は総合建設業と業態が類似している。したがって、発注者に対しては主契約者（メインコントラクター）となり、多くの副契約者（サブコントラクター）を総合管理する。このため施工管理能力の向上に力を注ぐ必要があり、さらにコンサルタント営業などソフト志向が要求される。

　また今後は「リニューアル需要」により、市場規模が拡大の見込みである。こうした分野への営業も要求される。本件事例のK社もこの分野で健闘していると見られる。

④ 業界知識としての留意点

　① 構造と工法

　建築構造種別は、鉄筋コンクリート造、鉄骨造、木造および壁構造などに分かれる。工法は現場で各種建材を使って建設する在来工法と、あらかじめ工場で生産したプレハブ工法とがある。

　② 重層下請け

　ゼネコンは元請けとなり、専門工事業者、設備工事業者が下請けとなる。専門工事業ではさらに労務下請けとか、外注下請けに二次発注する。これが「重層下請け」といわれるものである。

　③ 経営事項審査制度

　公共工事の入札に参加する場合は、国土交通大臣または都道府県知事による経営事項審査を受ける必要がある。審査の項目は、経営規模、経営状況、技術力、その他に大別され、総合評点の算出式が定められている。また、各審査項目にウエイトづけがされている（以下参照）。

＜経営事項審査制度の総合評点算出方法＞

　総合評点 $= 0.35 X_1 + 0.10 X_2 + 0.20 Y + 0.20 Z + 0.15 W$

　　X_1 …工事種類別年間平均完成工事高の評価

　　X_2 …自己資本額および職員数の評点

　　Y 　…経営状況分析の評価

Z　…技術力の評点
　　W　…その他の審査項目（社会性等）の評点

＜経営事項審査項目＞

① 経営規模
　・工事種類別年間平均完成工事高
　・自己資本額
　・職員数

② 経営状況
　・収益性（売上高経常利益率、総資本経常利益率、キャッシュフロー対売上高比率）
　・流動性（必要運転資金月商倍率、立替工事高比率、受取勘定月商倍率）
　・安定性（有利子負債月商倍率、純支払利息比率、自己資本比率）
　・健全性（自己資本対固定資産比率、長期固定適合比率、付加価値対固定資産比率）

③ 技術力
　・建設業の種類別技術職員数

④ その他の審査項目（社会性等）
　・労働福祉、工事の安全成績、営業年数、建設業経理事務士等の数

⑤ 審査上の留意点

(1) 受注内容

① 受注活動

　公共工事は原則として競争入札を行う。通常は「指名競争」であるが、一定基準以上では「一般競争」による。したがって、業者は入札参加資格を得るための営業活動を行う。

　なお、民間工事では契約は自由であり、業者は特命受注を狙う。特命率が高いほど安定経営につながる。

　指名競争入札とは、発注者である公共事業体が入札者を過去の実績や前記「経営事項審査制度」の評点により、工事規模に応じたランクの業

者に入札させる。小口の公共工事で、中小建築業者が大手や中堅ゼネコンと競合することなく、同規模の業者と競合するようになっている。しかし、入札業者が限られるため「談合」によって落札価格が高止まりしやすい問題がある。

　一般競争入札は一定の金額以上の工事に行われる。多くの業者が入札でき、大手業者の入札・落札額の低下が実現しやすい。

　また、最近は地元振興の観点から、地元企業に優先して発注する傾向もあり、事例のような中小企業の生き残る活路となっている。

　② 発注方式

発注方式は契約の範囲からみると次の二つになる。

・一式発注…一つの工事を1社の建設業者に一括して発注するもの
・分離発注…一つの工事を建築工事、設備工事などに分離して発注するもので官公庁工事に多くみられる

　③ 請負方式

一式請負、分離請負のほか、工事代金や報酬の面から定額請負、実費精算に分類される。

　④ 取下条件

発注者からの支払いを取下げという。官公庁工事では、工事着手時に請負金額の20～40％の前渡金が現金で支払われる。その後は毎月、全出来高の90％に至るまで支払われ、残金は工事完成引渡時に精算される。

　民間工事では、現金または3～6カ月手形が多い。取下条件は、着工時3分の1、上棟など中間時3分の1、完成引渡時に残金精算が一般的である。

(2) 建築工事業者の財務諸表の見方

　従来、我が国では長期請負工事に関する収益の計上については、工事進行基準または工事完成基準のいずれかを選択適用することが認められてきたが、平成19年12月に公表された「工事契約に関する会計基準（以下「工事契約会計基準」）」（企業会計基準第15号）により、平成21年4月から「工事契約」（土木、建築、造船、一定の機械装置等の製造業等）および「受注制作のソフトウェア」の会計処理については、大企業、中

小企業とも工事の規模、工期の長さを問わず、工事進行基準の適用要件を満たす場合には工事進行基準を適用し、満たさない場合は工事完成基準を適用することになり、上記の選択制は認められなくなった。

① 工事進行基準

工事進行基準を満たす要件とは、次の各要素について、信頼性をもって見積もることができなければならないとされている。

(1) 工事収益総額

(2) 工事原価総額

(3) 決算日における工事進捗度

したがって、上記3項目の適用要件を満たすためにはこれらに係わる管理体制の整備などが不可欠となってくる。ただし、工事の進行途上においても上記のような管理体制が整備できたときは、その時点から工事進行基準を適用することになる。

また、社内に工事の規模や工期の長さに一定の規準を設けて、請負工事がその規準を超える場合には進行基準を適用し、それ以外の工事には完成基準を適用することは可能であり、大企業ではこの方法を採用して会計処理を行っている例もある。一方、中小企業においては管理体制等の整備が不十分であることから工事進行基準は適用できず、従前どおり工事完成基準を適用しているケースがほとんどと見られる。

$$予想工事利益 \times \frac{発生工事原価の合計額}{予想工事原価} - 前期までに益金に算入した利益工事金額$$

確定利益と見積り利益との差額は引渡し事業年度で調整する。

なお、この工事進行基準においては毎期の決算時における工事進捗度の算定が適正に行われているかについての検証・確認が重要となる。

② 工事完成基準

工事進行基準を適用できない場合に用いられるのが工事完成基準である。工事完成基準では、工事が完成し、引渡しが完了した時点で収益としての売上高と費用としての原価を計上処理することになるが、工事途中の決算ではこれらが計上されないため業績の変動が大きくなりがちであり、事業の実態把握面で困難さが伴うという点に留意しなければなら

ない。

いずれにしても、「工事契約会計基準」の適用対象業種に該当する融資先の決算については、金融機関は工事進行基準か工事完成基準か、どちらの基準に基づいて行われているかを期毎に確認しなければならない。

なお、「工事契約会計基準」では、進行基準を採用しているか、完成基準を採用しているかにかかわらず、工事原価総額等が工事収益総額を超過する可能性が高く、かつ、その金額を合理的に見積ることができる場合には、工事損失引当金を計上すると定めているのでこの点にも留意する。

③ 工事原価

イ．完成工事原価の内訳

着工から完成まで工事現場で発生した費用を下記の4種類に区分して記載する。

・材料費…当該工事のために費消した材料代
・労務費…工事に従事した直接雇用の作業員に対する賃金、給与および手当等
・外注費…外注契約先に対する支払額（いわゆる下請代金）。このうち契約内容の大部分が労働用益であるものは労務費で処理することができる
・経費…当該工事のために発生した諸経費や現場における管理業務および事務担当従事者に対する人件費等

ロ．工事進行基準

当該工事の期中出来高相当額（完成工事高計上分）に対応する工事原価を計上する。

ハ．工事完成基準

工事着工時点から未成工事支出金にプールされていた工事費用を当該工事の完成時点で工事原価に振替える。

④ 完成工事未収入金

完成工事高に計上した工事に係わる請負代金の未収額を計上する。

・工事進行基準…事業年度末の工事進捗率により算出される完成工事

高に計上した請負代金の未収額
・完成工事基準…完成工事高に計上した請負代金の未収額（一般企業の売掛金に相当する）

⑤ 未成工事支出金

完成・引渡しを完了していない（いわゆる仕掛工事）工事に要した工事費ならびに材料の購入、外注のための前渡金、手付金などの総額を計上する（一般企業の棚卸資産に相当する）。

⑥ 工事未払金

工事が完成、あるいは未成にかかわらず、材料貯蔵品の購入代金、下請契約に基づく外注工事代金、工事経費等の工事原価となる費用の未払額を計上する。

⑦ 未成工事受入金

引渡しを完了していない工事についての請負代金の受入高（着工に際して支払われる前受金や、工事施工途中において支払われる中間金など）を計上する。工事進行基準では、工事進捗率に見合う請負代金の受入額は、未成工事受入金から完成工事高に振替処理される。

(3) 粉飾決算の見分け方

建設業でよく行われる決算操作には次の方法がある。

イ．完工高の操作…工事進行基準の企業では期中の工事進捗率を恣意的に引上げる、工事完成基準の企業では完工時期を繰上げるなどの方法により決算上の売上高を水増しする場合がある。

ロ．工事原価の操作…代表的な方法としては、売上高に対応すべき工事原価の一部を未成工事支出金等に残し、その分原価を低く計上するやり方がある。

ハ．関係会社や下請企業への費用の押し付け…関係会社や下請企業に費用の一部を負担させて工事原価を下げる方法等。

(4) 財務分析のポイント

① 収益性

建築工事業はもともと受注競争が激しい業界であり、中小業者の収益指標は製造業と比べて低い業種である。近年は公共工事の削減が続くな

かで民需の分野も低迷状態が長引いていることから、収益環境は一層厳しさを増している。とくに中小企業の場合は、技術力やコスト競争力が弱いため低採算あるいは赤字工事の受注に走りがちであり、表面は黒字を計上していても実質赤字経営に陥っている企業がしばしば見られる。

② 安全性

建設業は業種柄、外部調達（外注費等）の比率が高い。また、長期工事を請負えば工事が完成するまでの仕掛期間の工事費負担である未成工事支出金の額も膨らんでくる。こうした資金負担を緩和する方策が工事未払金や未成工事受入金（前受金）である。しかし、工事未払金のうち中小・零細な下請先への下請代金の未払分は「下請代金支払遅延等防止法」の定めにより60日以内に支払わなければならず、未成工事受入金も一般的には未成工事支出金より金額的に小さいことから、いずれも工事業者の資金負担を穴埋めするまでには至らない。

このような建設業界特有の構造が建設業者の運転資金需要発生の主な要因となっている。とくに長期大型工事を受注した場合には、工事規模に見合う前受金を発注先から受けられなければ多額の立替資金を自力で調達しなければならなくなるのである。

以上のような業界事情があるために、短期支払能力や安全性を示す流動比率や当座比率、自己資本比率などは製造業の水準を下回っているのが実情である。

したがって、資金繰りを把握するためには、工事に係わる資金負担（工事収支）をみることが重要である。特に「未成工事受入金－未成工事支出金」という未成バランスは、完成前の工事（未成工事）の現段階（決算期）での資金収支を表している。未成バランスがマイナスの場合は、資金負担が生じてくる。建築工事業者の多くは未成バランスがマイナスとなっている。特に民間工事主体の企業に多い。公共工事は着工時・中間時・竣工時に各々支払いがなされるのが一般的で、未成バランスが大きく悪化することはない。民間工事などで回収条件の悪い工事は発注者の資金調達力に問題のある場合も多く、不良債権の発生に繋がる可能性もあり、注意を要する。

3 与信判断

① 企業との折衝

　K社社長の申出を受け、当行F支店のY君はすぐに審査部のM副審査役に電話で相談した。しかしM副審査役の回答は厳しかった。「K社は仕掛工事の過大計上で実態赤字のある先。債務者区分は金融庁でいう『要注意先』に区分される先である。保全が確保されているとはいえ要注意先への貸出は当行引当積み増しにもなり如何なものか。ましてや本件は赤字資金の蓋然性も高いので安易な貸出応諾はできない」とのことだった。

　そこでY君は早速K社の社長を訪ね、実態把握と再建を促そうと出向いた。社長との会話は以下の通り。

Y君　「先日申出の貸出の件ですが、ご希望通りにいかない可能性もありますので、支援できない場合の資金繰りも算段しておいてください。御社は実態赤字の状況です。これをどのように改善していくかのビジョンが見えないとなかなか本店の審査部を説得できません」

社長　「永年のメイン先なのに随分つれないんだね。苦しい時に助けてくれるのが銀行じゃないのか。先代社長は、バブルの崩壊や公共投資の削減により仕事量が減るなかで、わが社も昔から取引のある外注先や下請けの専門業者を養わなくてはならず、労務費・人件費・経費が賄えればと赤字覚悟で受注をしてきたのだと思う。当社も公共工事に強いとはいえ競争は厳しい。さりとて赤字を出すと銀行からは融資をしてもらえない。確かに収益力が乏しく、先代から昨年引継いでからは、当社の下請けの面倒を見ることに儲からない受注をしていたんではこちらがもたないと改革に着手したところだ。効果は今期決算には間に合わないが、徐々に現れてくると思う」

Y君　「改革とは具体的にどういうことですか。たしかに御社はバブル時代に余計な投資はしていないので不良な投融資はありませんね。しか

し、借入過大なのは実は赤字資金に充当されたからではないでしょうか。この負債を圧縮するには資産売却等抜本的なスリム化が必要です。幸い御社は業歴が長く含みのある資産も多いですね」

社長　「人員削減、賃金削減等経費の圧縮に努めている。今期見込み値も売上は引き続き漸減するものの、経費圧縮で前期並みの利益は確保できる。また、ご指摘の不動産資産売却は前向きに取り組みたいと思う」

② 財務諸表の検証

社長との面談を終え、図表3－(6)に基づいてY君はK社の財務内容を改めて分析してみることとした。

(1) 諸比率の状況

①　収益性

当社の総資本経常利益率は第49期0.8％、第50期1.2％、第51期見込0.9％と低い水準で推移しており、業界平均1.6％比劣っている。一方、この間の売上高対比利益率では、総利益率はいずれも20％未満と業界平均24.9％以下に低迷しているが、営業利益率、経常利益率、当期純利益率の方は若干ながらも業界平均を上回る状態を続けており、売上高対比利益率の水準自体は高いと言えないもののまずまずの実績である。以上より、収益性に関する当社の課題は、下記算式から確認できるように、総資本回転率が業界平均の半分と低いことにある。

　　総資本回転率＝総資本経常利益率÷売上高経常利益率

・K社（第51期見込）　0.8回＝0.9％÷1.2％
・業界平均　　　　　　1.6回＝1.6％÷1.0％

②　安全性

当社の流動比率はこの3期間150％以上を維持しており業界平均142.3％比10％超上回っている。当座比率は第49期が96.6％と業界平均99.6％並みの水準であったものが、その後低下を続け第51期見込では82.2％と業界平均比17％以上も下回る予想である。

他方、自己資本比率は20％以上を確保中で業界平均14.3％比良好な状態が続いている。ただし、借入依存度の方は66％台が続いており業界平

均56.3％比10％程度見劣りがする。以上より、当社の安全性については直近の当座比率の急落と高い借入依存度の２点に問題があるといえる。

③ 運転資金の状況

当社の運転資金の内訳をみると、売上債権回転期間は第49期では1.02月と業界平均1.54月より短かったが、その後第50期3.94月、第51期見込3.34月と急速に悪化している。

また、棚卸資産（未成工事支出金）回転期間も業界平均0.49月に対して第49期は5.15月ときわめて長かった。第50期以降は3.97月に短縮されるものの、業界平均比8.1倍とまだ大幅に長い状態である。

他方、買入債務回転期間の方は業界平均0.76月に対して第49期0.67月、第50期0.65月、第51期見込0.71月であり、業界平均よりわずかながら短い水準となっている。

したがって、この３期間の収支ズレ（いわゆる立替期間）は業界平均1.27月に対して第49期が5.50月、第50期7.26月、第51期見込6.60月と業界平均をはるかに超える事態が続いており、これは明らかに異常であるといわざるを得ない。

以上のように、買入債務を除く他の運転資金要素が異常な回転期間となっている要因に関しては、面談時の社長の説明では、当社が売上高を確保しようとするあまり、採算や回収条件の良くない工事をしばしば請負ってきたためとのことであったが、それ以外に、完成工事未収入金や未成工事支出金に多額の不良なものが含まれていることなども考えられるので、運転資金各勘定の内容をさらに突っ込んで精査する必要がある。

なお、第49期から計上されているJV仮払金に関しても多額かつ長期化していることから調査対象に加えることとする。

(2) 直近２期間の資金運用・調達状況

貸借対照表（図表３－(2)）を見ると、第49期から第51期まで現預金と長期借入金が大きく減少していることが目に付く。すなわち、現預金は第49期の238百万円から第51期見込では78百万円と直近２期間で▲160百万円も減少し手許資金は約３分の１の水準まで落ち込む。他方、長期借入金も第49期の205百万円から第51期見込の147百万円へ▲58百万円減

少する。よって、この間の短期借入金の減少▲10百万円を加えれば総借入は▲68百万円の減少する見込みとなっている。

次に、資金運用表（図表3-(5)）の2期間合計欄で同期間の当社全体の資金運用・調達状況について分析すると、まず流動資金では、主要項目の運用が68百万円（完成工事未収入金の増加79百万円＋未成工事支出金の減少▲51百万円＋JV仮払金の増加40百万円）増加するのに対して、調達の方は未成工事受入金が▲35百万円減少するため、この分だけで▲103百万円の調達不足が発生する。さらに、短期借入金を▲10百万円返済することから流動資金合計では▲113百万円の調達不足となる。

固定資金では、運用は納税等による5百万円と少ない一方、調達は利益および減価償却費合計で16百万円あることから、差し引き11百万円の調達超過となる。しかし、長期借入金を▲58百万円返済するため固定資金合計では▲47百万円の調達不足となる。以上の結果、流動および固定資金の調達不足額合計▲160百万円は全額現預金の取り崩しで賄うとしているのである。

◇3 キャッシュフロー分析

(1) キャッシュフローの状況

企業の決算をみる時は、1期2期を見るだけでは特殊要因や一過性な部分もあり、なかなかその企業の財務体質は把握できない。もっと長く時系列的にP/Lの状況やキャッシュフローの動向を見てみると、その企業の財務体質を知ることができる。そこで図表3-(10)を参照していただきたい。

この表はK社の第45期から第50期まで6期間の業績と留保利益および各期末の総借入残高・所要運転資金・現預金残高とキャッシュフローの推移を一覧化したものである。これによれば、直近5期間累計ベースでのキャッシュフローの実績は、営業CFが▲147百万円と多額のマイナス、投資CFも▲10百万円マイナスであったため、両者合計のフリーCFはマイナス▲157百万円となり、これを借入の増加25百万円と現預金の取り崩し▲132百万円によって穴埋めしたことが分かる。

営業CFは、本来、企業が正常な営業活動を行っていれば毎期プラスとなるはずである。また、フリーCFがプラスであれば借入返済による財務内容の改善が可能となるし、逆にマイナスになれば借入増加による財務内容の悪化につながる。K社の営業CFは第48期・第49期を除く3期で大幅なマイナスとなっており、従来から見られた営業面、施工管理、資金管理など経営全般にわたる甘さがこのような結果を招来したのではないかと考えられる。

(2) 債務償還能力

次に同じ図表3－(10)で当社の借入金に対する収益償還能力を算出してみる。この6期間の売上高は第48期以降減少が続き、第50期売上高442百万円は第45期比▲80百万円の減収となった。利益面では、売上総利益はこの間ほぼ横ばいながら、販売費・一般管理費の削減努力もあって営業利益はこの間＋11百万円の増収となった。しかし、金利負担が重いことから経常利益や当期純利益は辛うじて黒字を確保している程度に留まっている。その結果、当期純利益に減価償却費を加えた留保利益は5百万円前後ときわめて乏しい状態が続いている。

以上から、第50期における総借入388百万円の留保利益6百万円による収益償還年数は64.7年と超長期となる。現在の当行の長期貸出金の返済条件は年間33百万円（一般15百万円＋保証協会付き18百万円）となっているので、当社の年間返済原資は当行長期貸出金返済額の5分の1しかないのが実情である。

ところで、総借入のうち所要運転資金（経常運転資金）に該当する部分については次のように考えることもできる。すなわち、一般に経常運転資金を構成している要素が正常な場合には、売上債権が順調に回収され、経常運転資金借入は一旦返済されることになるが、企業が事業を継続していれば、直ちに経常運転資金の借入れ需要が発生することになる。このように、経常運転資金は営業資金の循環過程で借入と返済が繰返される性格を持っている（序「融資案件審査の要点」第2節2 (1) 経常運転資金を参照）。

本来ならば、借入金は収益（留保利益）によって相応の期間内に全額

返済されるのが原則ながら、上記の点を勘案して、収益により返済すべき借入額を総借入から経常運転資金部分を除いた額とみなすのである。

この考え方を採用すれば、同じ図表3－(10)のとおり、第50期の収益返済対象となる借入は163百万円（総借入388百万円－所要運転資金225百万円）に減少することから、償還年数も27.2年と過去最も短い年数まで縮まるものの、これでもやはり長すぎると言わざるを得ない。

そこで仮定のケースではあるが、さらに手許の現預金も内入充当した場合を想定してみると、同表のとおり、第50期の収益返済対象借入は49百万円となり、償還年数は8.2年とさらに短くなる。ただし、企業の経営維持のためには一定水準の現預金は確保しておかなければならないので、会社清算の場合を除き現実的な考え方ではない。

いずれにせよ、K社の現状は総借入残高に対し収益償還能力が極めて乏しい、いわゆる借入過多の状態であるので、思い切った収益向上策や総借入の削減等を断行し速やかに経営再建を図ることが必須と思われる。

◈ ④ 企業体力の分析

以上の分析から、K社は速やかに経営再建策を検討しなければならない状況に置かれていることが判明したが、当社にとって迅速かつ有効な再建策を立案するためには、まず当社の実態の財務内容を明らかにしておく必要がある。そのためにはK社の資産実態バランスを作成して決算書に計上された表面数字との比較・検討を行ってみる必要があるが、その作業にとりかかる前に資産実態バランス作成上の留意点を挙げておく。

(1) 資産実態バランスと作成の留意点

資産実態バランスとは、いわゆる決算書の貸借対照表の簿価を時価に置き換えると自己資本（純資産。以下同）はどうなるかということである。そうすることでその時点でその企業の実態の資産・負債が明確になり、実態上の自己資本はプラスなのかマイナスなのかを見るわけである。これが実質自己資本である。含みのある資産はその含みは自己資本に組み入れて実質自己資本として企業体力を見ることができる。ここで時価に置き換えるにあたり不動産について留意しなくてはならない。不動産

は営業を継続していくために絶対的に必要な場合がある。たとえば製造業の工場などがそうである。いかにその工場に含みがあるからその分を実質自己資本に加え、この企業の実質自己資本は厚いといっても、それはその企業を清算しない限り実現しないわけである。企業売却というM＆Aでは、工場を売却した場合の「全資産ベース」の資産実態バランスの実質自己資本で見る必要があるが、事業の継続性を前提とした実質自己資本を見る場合は事業継続、営業継続に不可欠な不動産（営業所・工場・社員寮等）は、リストラで売却が決定していない限り見てはいけない。すなわち、事業継続上売却等の処分が不能な不動産については含み損益を反映させず簿価をそのまま時価として計上し、処分可能な含み益のある不動産についてのみ含み益を反映させた額を時価とするのである。これを「ゴーイングコンサーンベース」という。企業を見るときは、この「ゴーイングコンサーンベース」と「全資産ベース」の両方の資産実態バランスを作成し、それぞれの場合の実質自己資本を見る必要がある。すなわち事業を継続していった場合と、その時点で清算した場合の実質自己資本はどうなのか、という二点を見ることで与信判断も変わってくるものである。ゴーイングコンサーンベースで実質自己資本がプラスでも全資産ベースでマイナスであれば、万が一その企業が倒産した場合は、債権者が不足を被ることになるわけである。また、全資産ベースでプラスということは、万が一その企業が倒産しても債権者へのロスはないこととなるが、ゴーイングコンサーンベースでマイナスであればその時点で事業を継続している限り実質債務超過ということになる。

　したがって企業を見るときはゴーイングコンサーンベースと、全資産ベースで、実質自己資本にどれだけ余力があるか両方を見る必要がある。特に昨今の時価会計というのは「アップサイドはオミットせず、ダウンサイドは保守的に見る」という考え方で会計が行われている。すなわち上場有価証券は時価で会計処理をするため今日のデフレ下では含み損となるケースが多い。一方で、非上場の有価証券や不動産は含みがあっても計上できないということである。これを把握するためにはまさに「資産実態バランス」が必要なのである。

そして、仮に実質自己資本がマイナスでも、現在ならびに将来の業績見込みから、実質自己資本のマイナス（実質債務超過の解消に何年かかるのか）を見て、与信判断を行う必要がある。

(2) K社の資産実態バランス作成

前述の資産実態バランス作成上の留意点に添って、当社から追加資料として提出を受けた貸借対照表の各勘定明細書等の精査、照合および会社からのヒアリングなどにより勘定科目ごとに検証作業を行った。その結果、判明した下記の実態に基づき図表3-(11)資産実態バランス（第50期）を作成した。

① 現預金…提出を受けた各銀行の預金残高証明書等で確認したところ正合していたので簿価のままで可

② 完成工事未収入金…勘定明細書を入手し内訳を精査したところ、長期間滞留しているものが一部発見された。実態は回収困難債権と認められることからこの部分を含み損に計上（▲30百万円）

③ 未成工事支出金…勘定明細書を点検した結果、すでに過去の決算期で完成工事原価に計上すべきであったものが見つかったのでその総額を含み損と判定（▲63百万円）

④ JV仮払金…勘定明細書から、費用処理すべきと認定された支出額を含み損とする（▲4百万円）。なお、追加工事発生により長期化しているが第52期早々には工事が完了する見込みであり、JV仮払金の全額回収については懸念ないと認められた。

⑤ 建物…簿価計上建物は本社、資材置き場および営業所の3箇所である。ただし、建物はいずれも築後かなりの年数が経過しており時価は0と評価。建物は一応処分不能と考え「ゴーイングコンサーン」ベースでは簿価50百万円をそのまま計上、「全資産」ベースでは簿価全額を含み損とする（▲50百万円）

⑥ 機械装置…陳腐化したため使用不能となっている建機の一部は除却すべきと判定、その簿価を含み損に計上（▲10百万円）

⑦ 土地…簿価計上土地は本社、資材置き場、貸しビル、営業所の各用地のほか駐車場の計5箇所である。これらはとりあえず営業上必

要と認め「ゴーイングコンサーン」ベースでは簿価と同額の25百万円を計上、「全資産」ベースでは取得時期が古いためいずれの土地も含み益が相当額あることから、それらを加算して計上（＋395百万円）

⑧　有価証券・ゴルフ会員権…すべて非営業用資産であることから、「ゴーイングコンサーン」および「全資産」ベースとも含み損益を反映させた額を時価計上（有価証券▲4百万円・ゴルフ会員権＋4百万円）

⑨　その他固定資産・生命保険…ともに含み損益なしと判定し、簿価のまま計上

⑩　負債…買入債務（工事未払金）、未成工事受入金およびその他流動負債はいずれも簿外債務はないと認められたのですべて簿価のまま計上

⑪　借入金…当然すべて簿価（時価）計上となるが、オーナーからの借入などはいわゆる出資に近いものであり、その場合は実質自己資本にみるべく補正する場合がある。本件ではオーナー貸付も借入もないのでこの点の補正の必要はない

⑫　実質自己資本…資産に含み益がある場合は、実効税率にほぼ見合う42％を掛けた税金分を差し引き、残りの含み益を簿価の資本に加えたものが実質自己資本となる。含み益がない場合は、税金は掛からないから不要である。したがって、本事例の場合、全資産ベースでは資産の含み益総額238百万円について、税率42％に当たる100百万円を未払法人税等に追加計上し、残額138百万円を利益剰余金に組み入れる。ゴーイングコンサーンベースでは含み益がないため、このような調整は不要である。

以上のように、資産実態バランスと決算書の数字の間に大きな乖離が生じており、これを見ればK社は従来から粉飾決算を行ってきたと断言せざるを得ない。これまでの分析において問題視してきた当社の売上債権や棚卸資産の回転期間の異常な長さや収支ズレの大きさ、営業キャッシュフローのマイナス状況などをもたらした背後には完成工事未収入金

や未成工事支出金のなかに多額の不良資産が隠されていた事実があったのである。

ここで資産実態バランスにおける実質自己資本について考えてみる。K社の再評価後の実質自己資本額は、ゴーイングコンサーンベースでは簿価139百万円から含み損合計▲107百万円を差し引いた32百万円となり、全資産ベースでは含み益138百万円を加えた277百万円となる。

ここから言えることは、まずゴーイングコンサーンベースでの実質自己資本が32百万円（自己資本比率6.5％）と極めて低い状態まで落ち込むことから、これ以上完成工事未収入金や未成工事支出金等の資産に不良なものが発生すればたちまち債務超過に転じ、経営そのものが存続不可能になるということである。

一方、全資産ベースでは営業用不動産の含みが大きいため、実質自己資本は277百万円と厚いものであり、仮に不良資産が発生しても十分耐えられるとみてよい。

(3) K社の企業体力の見方

① 実態バランスと債務償還年数からみる当社の体力

前述したとおり図表3-(10)の第50期実績では、所要運転資金控除後の収益返済対象借入の留保利益6百万円による償還年数は27.2年であった。しかし、資産実態バランスでは完成工事未収入金と未成工事支出金の含み損を▲30百万円と▲63百万円計上したことから、当初の所要運転資金225百万円は▲93百万円減少して132百万円になる。この結果、収益返済すべき借入は256百万円（総借入388百万円－所要運転資金132百万円）に増加することから、償還年数は42.7年と再評価前よりも15.5年延びてしまうことになり、償還能力不足の状態であることに変わりはない。

次に当社の所要運転資金の回転期間について再評価後にはどう変化するかについて検証してみる。再評価後の所要運転資金132百万円の回転期間は3.59カ月（再評価前6.11カ月比▲2.52カ月）、内訳の売上債権（受取手形＋完成工事未収入金）が115百万円は3.13カ月（同3.94カ月比▲0.81カ月）、棚卸資産（未成工事支出金）も83百万円は2.26カ月（同3.97カ月比▲1.71カ月）とそれぞれ短くなるが、買入債務（工事未払金）は

24百万円は0.65カ月、未成工事受入金42百万円は1.14カ月と再評価前と変化ない。これを図表3-(6)の業界平均回転期間（運転資金全体1.27カ月＝売上債権1.54カ月＋棚卸資産0.49カ月－買入債務0.76カ月）と改めて比較してみると、運転資金全体の3.59カ月は2.8倍、売上債権の3.12カ月は2.0倍、棚卸資産の2.26カ月も4.6倍と依然として長い。

　上記のとおり、再評価作業で不良資産を簿価から外すことにより貸借対照表はほぼ正常化が図られ、運転資金の回転期間も業界平均にかなり接近することになる。ただし、再評価後の売上債権および棚卸資産の回転期間の長さを見ると、当社の受注先の中身や回収条件等にはまだ検討の余地が残されていると思われる。

　以上の分析から、当社の財務体質は以下のように総論できる。

　② 企業再建に向けた基本姿勢と再建策の骨子

　ここまでの検証と分析を総括すると、幸いＫ社は実態バランスではまだ資産超過となっていることから、早急に適切な再建策を実施すれば事業の存続は十分可能と認められる。

　本事例で述べてきたように融資先企業が経営再建に取り組むべき事態に直面したときは、金融機関とりわけメインバンクは当該企業と一体となって再建を支援する立場にある。もちろん実際に経営再建に当たるのは経営者であり、経営者自身が不退転の決意を持って具体的な施策に果敢にチャレンジしなければならない。金融機関は基本的にはタイムリーな助言や情報を提供するとともに指導力を発揮する役割を担うのである。金融機関がこうした役割を十分果たすためには、担当支店だけでなく本部ほか関係部門等組織全体の力を結集して企業の再建を支える姿勢が求められるのである。

(4) 資金繰りの状況と金融機関の対応

　当社の実態が解明されたところで、本件借入の申出の検討に入るとしよう。

　① 資金繰りの状況

　当社の資金繰りの状況を図表3-(14)で確認すると次のとおりである。まず12月、1月の実績を見ると、回収は計画以上を達成したが、下請代

金の前倒し請求があったため支払も計画を超過し1月の営業収支は▲13百万円のマイナスとなった。さらに、2月回収見込み先の工事が遅延し回収が3月に延びる事態が重なったことから、2月以降の計画を見直したところ、2月に資金繰りがつかなくなることが判明、本件借入の申出となった。3月には遅延した回収代金と県から受注の年度末公共工事200百万円の前受金60百万円が入金になるので、本件返済は十分可能と推察される。

問題はこの資金繰りからもわかるとおり、毎月の借入返済の多さである。前述したキャッシュフローの分析でも返済が多いことは触れたが、こうして月次の資金繰りを見ると、それは明白なものである。ましてや業種柄安定的に回収と支払いがあるわけではないので、工事代金を引当てれば当座は凌げそうに見えてしまうのである。当然、自転車操業と同じくまたそのしわ寄せがくるのである。

したがって、本件借入を3月回収の工事代金引当とするのであれば1カ月間でいったんは返済可能であるが、いずれ資金がショートするのは明白である。

② 金融機関の対応

中小・零細企業においてはしっかりした経営企画部門や財務管理体制などが整っておらず、オーナー社長が経営施策のすべてを決定している例が多い。そのため、財務管理の面でも社長の力量に問題があるときは、安易に甘い回収・支払条件で取引に応じたり、身の丈以上に従業員を処遇することなどが起こりうる。それらは最終的には企業の資金繰りに影響を及ぼすことになるから、しばしば切羽詰ってから経営者自らが資金調達に奔走するはめになる。金融機関としては、企業がこのような事態に陥らないよう日頃から資金繰りについて経営者が十分関心を払い資金繰りの状況を常時的確に把握しているか否かを確認しなければならない。そのうえで、融資先の資金繰りに懸念される兆候を発見したときは、速やかに企業から資金繰り表の提出を受け状況を確認するとともに、必要な場合は経営者に面談を求めて早急に資金繰り対策を行うよう申し入れなければならない。

⟪5⟫ 保全状況と保全の考え方

　保全状況は図表3−(9)の通り、現状では十分保全が取れているので問題はない。

　① 保全の考え方

　貸出は元利金の回収ができて初めて完結するものである。したがって、与信判断に際して行う作業としては返済能力の判定が不可欠となってくる。しかし、金融機関としては万一の回収不能の事態に備える手段として担保による保全を図ることも怠ってはならない。

　② 借入に対する銀行の引当と担保主義による思考停止

　また、現実的に考えなくてはいけないこともある。一つは保全が取れているとはいえ要注意先への貸出は金融機関は引当を積まなくてはいけないということである。すなわち余計なコストがかかることになる。二つ目は金融機関がこうした業績に問題のある企業に対する支援をいったん始めると、同様の要請が繰り返し持ち込まれ、気づいたときには保全の範囲を超えて際限なく支援を継続せざるを得なくなる懸念があるということである。

　資金繰りが悪化してきた企業は資金調達になりふり構わないものである。「従来同様です」と古い受注明細の日付を修正して提出するようなことがあった場合でも、金融機関の方も企業の説明を真に受けて深くチェックをせず何度目かの支援をし、期日になって初めて返済原資である工事がなかったり、あっても当初から返済に回すと資金ショートが明白だったということは、往々にして起きているので十分留意する必要がある。

　逆に、本事例のように企業の実態を把握し、ゴーイングコンサーンベースおよび全資産ベースでの実質自己資本の状況を検証し、痛みが軽度であり、現在の業績や今後の業績見通しから相応の収益力がある事業の継続性が見込まれれば、保全に十分留意しながらも支援すべきケースと認められる。そもそも保全というのは気をつけないと金融機関にとってのリスクヘッジ、ある意味「判断の放棄」に繋がりかねないのである。

事例3　建設業　赤字資金

金融機関にとっては徹底した企業の実態把握が最も重要な作業となるのである。

③　K社への信用貸出可否について

K社の場合は、仕掛在庫に不透明性がある点、それに鑑みると期間損益も赤字の蓋然性が強いと思われる。しかし業礎はしっかりしており、地元では小体ながら公共事業を中心に安定した受注を確保している。したがって、前記二点のグレーな部分の解明とコスト削減による収益力改善の見通しがされれば、実質自己資本にゆとりがあるなか信用での貸出支援も十分検討可能である。

⑥ 企業資質と将来性評価

当行はK社の永年の主力行として支援してきただけに様々な情報が蓄積されている。ここでこれまでの記述を含めK社について当行なりのK社への企業資質と将来性についてまとめてみよう。

(1) 経営ビジョン

> T県K市の公共工事に強みを持ち、その裏づけは県や市の業界団体の代表を歴任し、それなりのポジションを確立。ゼネコン淘汰、地域密着化の時流の中で同県同市においては中小建築工事業のオピニオンリーダーを目指す。

(2) 企業資質

	強み	弱み
ヒト	・経験豊富で営業力が強い ・中小ながら地域での中心的存在としてのモラル、職人意識は高い ・したがって人的生産性は高い	・古参が多く、世代交代が進んでいない ・昔ながらの営業スタイル、採算を無視した売上・受注至上主義
モノ	・パソコンによる受注管理、営業所とのイントラネットを始め、原価計算等はそれなりに整備済 ・職人的な技術力が資産 ・大規模工事ではないのであまり建設機材への投資負担はいらない	・機材の老朽化 ・収益力低下による資金繰り悪化で機材投下ができない ・人材＝モノだけに労務費・外注負担が重い

カネ	・仕事、受注は確保可能 ・含みある資産が多く、全資産ベースの実質自己資本は充実しており財務体力は十分ある	・収益力が乏しい ・このまま行くとストックを食いつぶす ・ストック：黒、フロー：赤 ・無計画な返済計画による返済超過により資金繰り厳しい（計画的な資金繰り・財務戦略なし）

(3) 外部環境

	機　会	脅　威
市場	・地元企業への優先発注の傾向 ・リニューアル需要	・同業他社が多く、需要減から大手も小型工事へ参入 ・値下げ競争による採算確保が難しい
取引先	・地域密着でありきめ細かい対応	・同業者との価格競争 ・地域外への受注が難しい

(4) 営業戦略

① 企画・提案営業に力を入れ、今後見込まれるリニューアル需要を中心に公共・民間とも受注確保を目指す

② 外注費・労務費の削減による採算性の向上（納期内完工の徹底）

③ 中高年の社員から若手への世代交代

(5) 経営陣

　先代社長が地元で創業以来、精力的に働き当社を発展させてきた。余裕資金は不動産に早い段階に投資し、法人成りしてからは新たな不動産投資もせずに手堅い経営を行ってきた。地元の顔役的な存在ともなり、社員の志気も高く、創業当時からの古参社員も多く「社長とともに築いた」という意識が強い。創業社長は２年前に息子に社長職を譲った。新社長は近年のデフレによる受注競争の厳しさから、実態赤字受注を余儀なくされている状況や、結果それが赤字資金として借入へ膨らんでいることに問題を何となく感じてはいるものの古参社員の影響力もあり企業ガバナンスは不十分。

(6) 企業評価と将来性

① 業礎

当社は規模の小さい中小建築工事業者ではあるが、創業以来地元を中心に展開してきており、小型な公共工事を中心に相応に安定した受注は確保できる営業力・技術力に基づいた信用力は有しているといえる。

② 将来性

業界内は過当競争であり、少ない需要に対し多数の業者が競合するなか差別化は益々激化が予想される。しかし、当社はバブル期も手広い営業展開はせず、県、市内中心に展開した点は差別化としても有効。一方では採算管理は一層の強化が必要となるであろう。

またリニューアル工事が今後中小建築工事業者の生き残りの柱になると思われる。当社自身もこの点に力を入れ、すでに公共工事の受注の中心はリニューアルであることからも、営業・技術力からみた当社の生き残りは可能と思われる。

③ 財務内容

資産実態に基づく、実態バランスから見られたとおり、土地の含みによる実質自己資本は潤沢で余力は十分あるといえる。しかしながら採算性は良くない。赤字工事受注による売掛金に不良性のあるものが見られる。この分を加味すれば実態赤字であるばかりではなく、借入は赤字資金に充当されたと推察される。この膨らんだ借入を返済するには、現在の収益力では超長期とならざるを得ない問題点がある。

④ 経営管理能力

創業社長から二代目社長へ経営はバトンタッチされたが、二代目社長も早くから当社に入社してきて修行を積んできており、営業面、技術面は前項の当社の強みを今後も引継いでいくことは可能。問題は「売上拡大、受注拡大主義」＝「労務費・下請け人件費が賄えればいい」という発想から、「収益力・採算性」「利益」重視の経営に方向転換できるかにある。

社長も問題意識は持ちつつはあるも、財務管理・管理会計には明るくない。こうした点に金融機関からの指導がまさに必要であろう。

K社も小さいとはいえ10名の社員をかかえる企業であり、個人経営とは違うわけである。中小企業とはいえこれからの経営者には単に営業力・技術力のみならず、こうした財務管理・管理会計も含めた企業経営、ガバナンスが必要とされる。

⟨7⟩ 総合判断

　これまでの調査、検証および分析から本件借入申込みに対する当行の総合判断は下記のとおりである。

① 当社は当行が永年のメイン先として支援してきた取引先であるが、従来からの業績低迷により、キャッシュフローはマイナス状態を続け、収益償還能力も乏しく、借入過多となっている要注意先である。

② 財務諸表も過去から粉飾が行われていたことが判明、実態は▲161百万円と多額の不良資産を抱え実質赤字の状態。

③ しかし、全資産ベースの資産実態バランスでは第51期見込の実質自己資本は281百万円残されており、固い営業地盤を確保していることから、抜本的な経営改善を実施すれば企業再建は十分可能と判断される。

④ 当行としてはこの機会に具体的再建策を提案し、当社がこれを速やかに実施することを前提にメインバンクとして基本的には支援継続の方針とする。

⑤ 本件は当月の下請代金の前倒し請求に応えるためであり事情はやむを得ないが、当社側の再建策の進捗状況を注視する必要があることから、来月回収予定の工事代金引当による１カ月間の短期対応とする。

⑥ 本件実行後も保全はとれており、今回は当行一行分担についてもメインバンクとして了解する。

4 企業再生に向けたソリューションの構築

① 事例における企業再生シナリオ

　以上により、K社への与信判断として本件支援はやむを得ないとするものの、このままでは当社の経営苦境や資金繰りは一向に改善されないことになる。根本原因は永年続けて来た経営の甘さにあり、その結果が不良資産の累積、キャッシュフローのマイナス状況、資金繰りの困窮と借入過多を招き、最後は粉飾決算を行うまでに至ったのである。

　世間で事業再生・企業再生が話題となる昨今ではあるが、中小企業の再生というのはこうした営業力はあるが経営管理・財務管理の弱い企業にいかにソリューション業務を提供できるかである。中小企業はコンサルティングを受けるほどの経営余力は乏しい。また、このコンサルティング業務というのも本来は銀行が提供すべきサービスであったはずである。一歩踏み込んだ財務管理の提案提供こそ今金融機関に求められているものである。

　そこで本件申し出に対して支援を行うに当たりメインバンクとして当行から今回提案する具体的再建策は下記のとおりとし、当社にはその速やかな実施を求めることとする。

　　ア．不良資産償却処理による財務諸表の適正化
　　イ．処分可能不動産の売却による含み益の実現と当該売却代金による借入金の圧縮
　　ウ．人件費削減による収益性の向上

　まず、ア．不良資産の償却処理の対象となる資産と要償却額は図表3－(11)の資産実態バランスから、

　　　　①完成工事未収入金　　　▲30百万円
　　　　②未成工事支出金　　　　▲63百万円
　　　　③有価証券　　　　　　　▲4百万円
　　　　④JV仮払金　　　　　　　▲4百万円

⑤建物　　　　　　　　▲50百万円
　　⑥機械装置　　　　　　▲10百万円
　　合　　計　　　　　　　▲161百万円

である。不良資産を一掃して財務諸表を適正なものに改めるのはまさに今の時点しかないと考えるので、メインバンクの責任として当社に強く申し入れることとする。なお償却処理の時期は第51期決算となるが、ここでは全額無税償却が可能と考えておく。

　次にイ．処分可能不動産の売却による含み益の実現と借入金圧縮策であるが、図表3−(12)から、社有土地の含み益は下記のとおりである。

　　①本社（時価90百万円：含み益＋84百万円）
　　②駐車場（時価70百万円：含み益＋66百万円）
　　③資材置き場（時価100百万円：含み益＋97百万円）
　　④貸しビル（時価110百万円：含み益＋99百万円、建物は社長個人
　　　所有）
　　⑤営業所（時価50百万円：含み益＋49百万円）

このように社有土地がいずれも多額の含みを有しているのは、個人創業者である先代社長が法人成りの際に現物出資した経緯があったためである。ここに至って先代社長あるいは先祖から受け継いできた土地を手放すのは一族にとって断腸の思いであることは十分理解するところではあるが、当社存続のためにはやむ得ないであろう。

　そこで、上記社有土地を事業継続面への影響の少ない順および売却の容易性の両面から比較して並べると、②駐車場、⑤営業所、④貸しビル、③資材置き場、①本社の順となる。さらに、ア．の不良資産償却に伴う赤字発生額▲161百万円を相当程度カバーする含み益の実現が必要であることを考慮しなければならない。改めて社有土地の現状を調査したところ、②駐車場は現在遊休化していること、⑤営業所は隣接市にあり本社への機能集約が十分可能であること等が判明したので、この２箇所を当面優先的に処分する候補地として提案する。仮にこの２箇所が時価どおりに売却できれば売却代金計120百万円、含み益計115百万円を実現できる見込がたつ。ただし、売却に伴って法人税等が48百万円（115百万

円×圧縮記帳しないとして税率42％)、処分費用が概算2百万円は掛かるとみられるので、借入金返済に回せる金額は、土地売却代金からこれら税金・費用合計50百万円を差し引いた残りの70百万円となる。

以上から、再建策ア．およびイ．が第51期中に実現できたとした場合に第51期末における資産実態バランスはどうなるかを予想するため作成したのが図表3－(13)である。ただし、下記の3点を作成上の前提とする。

① 第51期の損益計算書は図表3－(1)のまま不変とし、ア．およびイ．の再建策実施に伴う変動額のみを反映させる。よって、第51期見込の留保利益は6百万円（当期純利益4百万円＋減価償却費2百万円）のままとする

② 売却代金による借入金返済▲70百万円は金利負担軽減の観点から長期借入金に充当する

③ 第51期見込の建物簿価は前期比▲3百万円減少するので、図表3－(11)の第50期差引含み損益額238百万円は第51期では3百万円増加し241百万円となる

図表3－(13)に基づき、まずK社の所要運転資金および債務償還年数の変化を見ておくことにする。

第51期期末の所要運転資金は、運用部分165百万円（受取手形1百万円＋完成工事未収入金87百万円＋未成工事支出金77百万円）－調達部分35百万円（工事未払金25百万円＋未成工事受入金10百万円）＝130百万円となる。

したがって、長期借入金▲70百万円返済後の第51期末総借入285百万円の収益償還年数は、所要運転資金控除前で47.5年（285百万円÷6百万円）、同控除後で25.8年（155百万円÷6百万円）となる。

これを図表3－(10)の第50期時点における償還年数と比較すると、所要運転資金控除前で▲17.2年、同控除後で▲1.4年それぞれ短縮となるが依然として長期を要する状況であり、再建策としてア．とイ．の二つだけではまだ不十分なことが分かる。

そこで三つ目の再建策としてウ．人件費削減による収益性の向上策に

ついて検討してみる。

　図表3-(3)および図表3-(4)から集計すると、第50期の当社の人件費総額は91百万円（労務費の賃金・賞与51百万円＋同福利厚生費2百万円＋役員報酬20百万円＋販売費・一般管理費の給与・賞与10百万円＋同福利厚生費8百万円）である。まず役員報酬20百万円については役員3名全員を社長の家族が占めていることを考えれば減額は十分可能であろう。また、経営陣が率先して報酬を削減することで従業員の協力も得られやすくなると考える。そこで労務費の賃金・賞与51百万円の妥当性について検証してみると、第50期は売上高が▲4.1％減収となったにもかかわらず前期比＋11百万円増えておりこれは疑問を持たざるを得ない。従業員10名に対する人件費負担額は総額71百万円で一人当たり平均7百万円になるが、現在の社会情勢からみて圧縮交渉の余地は十分残されているように思われる。以上より、当行提案のなかでは役員報酬を▲5百万円、従業員人件費を▲10百万円それぞれ減額し人件費総額で▲15百万円程度削減できれば、留保利益は税引後で約9百万円かさあげが可能となる点を強調したい。さらに借入金返済70百万円の支払利息軽減効果として3百万円程度加算すれば留保利益6百万円は18百万円まで改善されるのである。確かに人件費の削減は経営者、従業員とも痛みを伴うことになるが当社再建のためには避けて通れない道と考える。

　以上、三つの再建策を総合して第51期末における総借入285百万円の収益償還年数を再度算出してみると、収益償還財源を18百万円として、所要運転資金控除前で15.8年（285百万円÷18百万円）、同控除後で8.6年（155百万円÷18百万円）となる。これを図表3-(10)の第50期時点における償還年数と比較すると、所要運転資金控除前で▲48.9年、同控除後で▲18.6年とそれぞれ大幅に短縮されることになり、万全の状態とまではいえないものの、これら三つの再建策は十分効果が見込めるものと確信する。

② 事業再生プログラム

　以上のように、金融機関の担当者が融資業務に臨む際に肝要なことは、

「資金繰りをはじめとして融資先の動向に何らか異常な兆候を発見したときは、取引先からの説明を鵜のみにせず、徹底的な調査と分析により実態の解明に努めるとともに、企業の再建が可能と判断できる場合には企業再生のための支援を積極的に行う必要がある」ということである。

そこで最後に事業再生のためのプロセスを解説しておくことにする。

(1) 徹底した実態把握

本事例で記述してきたとおり、まずは徹底した実態把握を行うことである。日本では「情報開示をしないで済むならしたくはない」という考え方が一般的で、勘定明細まで銀行に提出する必要はないとする先がいまだに多い。アメリカにみられるように、実は平常時から情報開示を行っておくほうが、緊急時にタイムリーな支援を得やすいのである。支援をする債権者や投資家としても、情報開示が少なければ不確実性（リスク）が高いことになり、支援に躊躇してしまうのは当然である。情報が豊富にあれば短時間のうちに確信をもって支援が可能となる。

それでも情報を入手できない場合は、業界比等と照らし、異常値は不良化とせざるを得ないであろう。当然に低格付となり調達金利も高くなるのはやむを得ないであろう。情報を提示しない以上は、金融機関としてそのリスクは金利に載せざるを得ないのであろうし、場合によっては与信にも応じるべきではないし、そうした企業が淘汰されるのもやむを得ないだろう。

(2) 粉飾の見抜き方

粉飾の見抜き方については、「おかしい」と思う根拠（「おかしい」と思うきっかけ）をいかに見つけるかがポイントである。そして、企業の中には生き残りのために、大なり小なり粉飾をしている場合がある。それが会計基準の見解の相違なのか、明らかに架空計上や簿外債務のような詐欺まがいの行為なのかを見抜く必要がある。

在庫や売掛の調整などはしばしば見られる手段である。だから実態把握・実態バランスが大切なのである。

① 融通手形の防衛

各種書物では手形成因やら商流のチェック、その企業のモノの流れと

関係ない手形ではないか、仕入先からの手形でないかということをチェックする必要があると書いてある。まさにこれを先方に質問としてぶつけるのである。融手をしている先は当然資金繰りが忙しい、商手割引を持ち込んでいる金融機関の商手残が少しでも落ちると、支払日でもないのに持ち込んだりする。むろん「融手」であるという明確な証拠はないが、そういうときに一枚一枚当社の経理部長に「商流」「手形成因」を教えてくださいと聞くのである。こうした金融機関には先方担当者も「ちゃんと手形をチェックされている」と警戒し、そこには融手は持ち込まないだろう。

② 課税所得と当期純利益について

決算書の当期純利益と課税所得が概ね一致しているかのチェックである。企業の経営者にとり銀行には「利益を大きく」見せたく、税務署には「利益を少なく」見せたいものである。

決算作業において算出された当期純利益は確定申告の「別表四」の頭部に計上され、そこで接待費等経費で落としたものが加減算され、最終課税所得がそのページの最下段に算出される。それが確定申告一面の課税所得となり、税率が掛けられ算出される。したがって、必ず確定申告の一面の課税所得と当期純利益を見比べて差異が大きいときは必ず「別表四」でその要因を掴む必要がある。かさあげした売掛金や在庫は税務申告のときは落しているものである。どちらが実態かを確認することでその企業の透明性・信頼性が掴める。

③ 利益が出ているのに現預金も借入も減っていないケース

利益が出ていれば現預金が増えているか借入が減っているはずである。5期くらいを比較してみよう。利益が出ているのに、また投資もしていないのに現預金も増えず、借入も減っていなければ利益操作の可能性は高い。

④ 借入金の確認

いわゆる粉飾というケースで一番多いのがこのケースである。実は多額の借入金が多くの金融機関からあるにもかかわらず過少報告しているケースである。これを見抜くのは先方が悪意をもっている以上難しいが、

支払利息を総借入で割って平均調達金利が異常でないかの確認をするといった手法がある。一番有効なのは税務署提出の確定申告付勘定明細付決算書の原本確認である。

(3) 企業再生計画の策定のタイミング

さて、実態把握によりその企業の状況を分類分けをすると、

① 多少業況が悪化して、赤字決算（損益計算書レベルの問題）になった場合
② それが進んで債務超過（貸借対照表レベルの問題）になった場合
③ さらに問題が悪化して資金繰り（キャッシュフローレベルの問題）に支障をきたすまでに至った場合
④ 投下資本収益率が悪い（利益や償却や借入はすべて投資に充てられている）

となる。

以上の四つのうち、①〜③はいわゆる企業の債務者区分は「要注意先」に区分されるだろう。しかし、この段階になってからの事業再生というのは、金融機関も支援に慎重になり、打つ手も限られてきてしまう。ベストはこうなる前の「正常先」のうちに問題を見極めることである。本件事例でいえば、ゴーイングコンサーンベースの実質自己資本が低下してきたり（余力が乏しく、これ以上の不良化には耐えられない状況）、債務償還年数が10年超になってきたら要注意である。利益率が低下してきているのか、所要運転資金は適正かを見る必要がある。最も有効なのは、事例でも掲示した5期程度のキャッシュフローもしくは資金運用表を見てみることである。利益の範囲や減価償却の範囲で投資や借入の返済が賄われているかを見れば大概問題点はわかる。特にこうした視点で見ることの必要な先が上記④の先で「正常先」に多く見られる。たとえば、5期間で上げていた利益や償却の内部留保のすべてを設備投資に投入し、さらに不足分を借入しているような企業である。投下資本収益率を無視した、設備を備えれば売上は上がるという昔ながらの経営スタイルを踏襲しているような企業が未だに日本の中小企業には多いのである。利益は計上されているが内部に蓄積されず、それ以上に投資し、気がつ

けば借入過多一歩手前。赤字に転落したら即「要注意先」である。早い段階で気がつき、先方に気づかせることが大切であるのはいうまでもない。

(4) 再建計画策定にあたってのポイント

さて、再建計画にあたっては、よく公認会計士や弁護士、コンサルタントが中堅企業以上では策定することが多い、その企業の客観的な競争力の分析や事業基盤の分析には役に立つといえる。

また、再建においては、その企業の事業基盤を冷静に見極める必要がある。よくコアコンピタンスかノンコアかの区別は事業再編の際に用いられるが、この区分はあくまで企業の主観によるものであり、いわゆるGoodとBadの事業部門に客観的に判断されるわけではない。したがって、過去の実績にとらわれず事業分野の将来性と自ら保有する技術力等を考えて、コアとなり得る、またコアとすべき事業に資源を集中していくことが重要である。この判断を誤ると再建どころか破綻になってしまう。

以上の意味での第三者の客観的分析にはコンサルタント等は有効であろう。しかし、その企業を再建していくのはコンサルタント等ではなく、その企業の経営者なのである。したがって、その経営者の気持ちが伝わる、自ら参画した再建計画たるものでないといけない。「再建計画を作りました。あとはコンサルタントから説明します」これでは駄目といえる。

① 経営者自らの意気込み

計画の目標がいかなければ清算するしかない、というくらいの意気込み。

② ばら色の計画でなく、必達目標と努力目標値の二つのシナリオ

再建計画は必達目標の低い数値でプランし、それでも時間はかかるが再建可能な水準値を示せるかにある。努力目標は、企業の営業活動としてチャレンジングな目標設定は当然必要である。ただし、これはあくまで「上振れ」要因としての貯金として見るべきである。

③ 必達計画に基づいた月次・年間の資金繰計画表

再建する企業にとり最も重要なのが資金繰りである。再建計画で不動産やコスト削減を標榜しても時間が要る。それまで資金繰りが回るのかが重要である。回らないとしたらどうするか、新たな調達は可能か、それが難しいのであれば金融機関の借入の返済を猶予してもらうのかを判断しなければいけない。

④　再建計画の中身

　経営者自らが痛みを伴う資産処分やコスト削減はまさに決意表明であり重要である。本社など資産処分はなかなか手をつけられないが、第一次再建計画がうまくいかず、第二次、第三次の計画になりようやく思い切った再建計画が出てくるのが常である。修正の度に信用を失う、という覚悟が必要である。そして手法は徹底したコスト削減と資産の売却しかない。これが前記の通りまだ「正常先」であれば、まさに今後「コア事業」分野に資金を投下し事業の再構築をしていけるのである。

⑤　月次のフォロー

　これが最も大切である。月次で社長自らが掲げた必達目標に対し、売上・収益がどうなのかを報告し、早期に月次ベースで成果をあげることである。月次でも改善が見られ結果が出てくると債権者は「この会社は駄目かもしれない」から「この会社は再建できるかもしれない」と信頼回復につながる。逆に早い段階での修正計画はこの逆で信頼の低下を招くものである。

⑥　原因の追求、実地調査、経営者の資質

　再建策の構築のなかで当然に原因解明が必要であるが、しばしば陥るのが、「売上の伸び悩みは既存店の不振が原因」とか「採算が悪化しているのは設備の稼働率が悪いからだ」というように表面に表れた症状を原因と結論づけてしまうことである。

　問題の原因を把握するには「それはなぜか」を何度も繰り返すべきである。

　また本社レベルの危機意識と現場レベルの危機意識のズレを現地調査で見ておく必要もある。数値分析は多くの情報を提供してくれるが、ヒト、モノから得られる証拠との整合性の裏づけがあって、有効な情報と

なる。

　多くのケースで結果としてたどりつくのは、トップマネジメントの甘い経営判断に尽きる。大半の企業が傾く原因は結局は放漫経営・危機意識の欠如といえる。

　⑦　金融機関のポイント

　必達目標の妥当性をチェックし、そのうえで債務超過解消が何年で、債務償還年数が何年になるか、本件事例のように検証する必要がある。

❸ 経営者への問題提起

　当行のＹ君は当社の実態把握を行い、問題点を浮き彫りにし、本件申出の決裁を本店から得て、Ｋ社社長に問題点等を提案し再建計画を依頼した。金融機関にとって貸出は「飛び道具」、この武器があるからこそ企業は「税理士」「公認会計士」「弁護士」「コンサルタント」でもなく、金融機関に頼るのである。彼らに頼っても「お金がかかるだけで、資金が出て来るわけではない」からだ。

　Ｙ君の当社問題や実態状況、問題解決のための提案やそれによる当社のバランスや返済能力の説明を受けた社長は感激した。「この担当者は自分の会社のためにここまでいろいろ考えてくれる。普通なら『今回の融資の申出の可否』のみで、どうすればいいのかを明確にいわないのが常である。先のことはリスクがあるからコミットできないのであろう。しかし『こうすれば金融機関は長期での支援が検討できる』と教えてくれるだけでも違うものである」

　金融機関の担当者一人ひとりが「コンサルタント」なのである。よく広告に「お客様とのリレーションシップだとかパートナー」などの宣伝文句がある。金融機関はまさにこれが「本業」なのだ。企業はいまや「直接金融」で調達の可能な時代になった。それでも大半の中小企業は「間接金融」に頼らざる得ないのが実情である。

　その「本業」を全うするために必要なことは、本件事例のように場当たり的な融資の検討ではなく、当事者意識をもって愚直に実態を把握し、問題を経営者に提起するアクションを起こすことである。

事例4

製造業　設備資金
－機械加工業C社の分析－

1 申込内容と経緯

① 借入申込の要旨

　C社は千葉県に本社を構える中堅機械加工メーカーである。工場は本社工場のみである。大手電機メーカー数社の協力工場となっているが、昨今の不況下、大手電機メーカーの業績悪化の影響により、2年前あたりから売上高が伸び悩みはじめた。しかしながら、高付加価値製品の開発やコストダウン努力により、財務状況はまずまず良好な水準を維持している。

　既往得意先からの受注伸び悩みに対処すべく、某大手企業より優秀な営業マンをスカウトし、1年前より新規得意先の開拓に努めていた。

　今般、自動車関連機器メーカーの取引開拓に成功し商談がまとまった。しかし、従来得意としていた電機メーカー向けの製品と異なるため、既存の設備では対応できず、新しい設備投資が必要となった。

　そこで、本社工場の隣接地の土地540m^{2}を購入し、そこに新しい設備を設置する設備投資計画を立てた。設備投資額は536百万円でそのうち500百万円は当行（A行）とB行に借入申込があった。

② 申込内容と経緯

① 設備投資の概要

・建設場所　　千葉県○○市○○町
・土　　地　　当社本社工場隣接地購入　540m^2　　136百万円
・建　　物　　1,000m^2（2階建）　　　　　　　　190百万円
・機械装置　　マシニングセンター、プレス機他　　180百万円
・什器備品　　　　　　　　　　　　　　　　　　　 30百万円
　　　　　　　　　　　　　　　　合　計　　　　 536百万円

② 調達計画

1.	自己資金	36百万円
2.	長期借入金	A行300百万円、B行200百万円
3.	借入条件	A行、B行とも同条件
4.	借入期間	7カ年
5.	借入金利	年4％（利息後払い）
6.	借入日	平成22年　6月（40期期首　全額）
7.	返済条件	半年据置後元金均等14回払い　返済7年
8.	返済方法	年2回払い　半期末及び期末
9.	自己資金は現金預金の取り崩し36百万円で賄う
10.	担保	新規購入土地、建物及び社長個人所有土地、建物（第1順位低当権同順位設定）

③ 会社の概要

(1) C社の概要

- 設立年月日　　昭和46年4月1日
- 資本金　　　　154百万円
- 従業員数　　　230人
- 取扱製品　　　ＯＡ、エレクトロニクス関連機器の設計、製造、加工他
- 主要販売先　　大手電機メーカー3社
- 経営形態　　　同族会社
- 代表者の資産　不動産（自宅）時価400百万円、有価証券200百万円
- 借入金　　　　39期末現在　短期借入金　　　207百万円
  　　　　　　　　　　　　　長期借入金　　1,228百万円

(2) 財務諸表とその他の資料

① C社提出資料
- 損益計算書　最近3カ年　（図表4-(1)）
- 製造原価報告書　最近3カ年（図表4-(1) 付属1）
- 販売費及び一般管理費　最近3カ年（図表4-(1) 付属2）

・貸借対照表　最近3カ年（図表4-(2)）
② 当行作成資料
・経営分析表　最近3カ年（図表4-(3)）
・損益分岐点計算表　最近3カ年（図表4-(4)）
・資金運用表（38期）（図表4-(5)）
・資金運用表（39期）（図表4-(6)）
・資金移動表　最近2カ年　（図表4-(7)）
・銀行別借入明細表　39期実績及び40期見込み（図表4-(8)）
・設備投資後40期利益計画　（図表4-(9)）
・貸借対照表（40期予想）　（図表4-(10)）
・既存事業利益計画　（図表4-(11)）
・新規事業利益計画　（図表4-(12)）
・全社ベース利益計画　（図表4-(13)）
・設備資金返済計画表　（図表4-(14)）

事例4　製造業　設備資金

図表4-(1)　損益計算書

取引先名：C社　　　　　　　　　　（単位：百万円）

項　　目	37期	38期	39期
売上高	5,845	5,390	5,768
売上原価	4,095	3,675	3,976
期首製品棚卸高	49	14	77
当期製品製造原価	4,060	3,738	4,025
期末製品棚卸高（－）	14	77	126
売上総利益	1,750	1,715	1,792
販売費及び一般管理費	1,603	1,589	1,603
（内人件費）	(637)	(623)	(616)
営業利益	147	126	189
営業外収益	14	28	70
受取利息・配当金	3	2	2
その他	11	26	68
営業外費用	35	56	28
支払利息・割引料	35	35	28
その他	0	21	0
経常利益	126	98	231
特別利益	7	35	14
貸倒引当金戻入額	7	7	7
その他	0	28	7
特別損失	21	7	7
固定資産売却損	14	0	0
貸倒引当金繰入額	7	7	7
税引前当期純利益	112	126	238
法人税等	70	63	112
当期純利益	42	63	126

（注）

	37期	38期	39期
配当金	0	0	77

（参考）

	37期	38期	39期
固定資産減価償却費	77	105	98
有形固定資産減価償却費	77	105	98
無形固定資産減価償却費	0	0	0
従業員数（名）	189	197	229

図表4-(1) 付属1　製造原価報告書

C社　　　　　　　　　　　　　　　（単位：百万円）

項目＼期	37期	38期	39期
原材料費	1,368	1,382	1,389
外注費	1,670	1,089	1,271
労務費	707	735	805
経　費	385	481	562
（うち動力費）	(28)	(26)	(44)
（うち減価償却費）	(63)	(77)	(77)
当期総製造費用	4,130	3,687	4,027
期首仕掛品棚卸高	7	77	26
合　計	4,137	3,764	4,053
期末仕掛品棚卸高	77	26	28
当期製品製造原価	4,060	3,738	4,025

図表4-(1) 付属2　販売費及び一般管理費

C社　　　　　　　　　　　　　　　（単位：百万円）

項目＼期	37期	38期	39期
人件費	637	623	616
減価償却費	14	28	21
荷造運賃費	126	140	140
その他販管費	826	798	826
合　計	1,603	1,589	1,603

事例4　製造業　設備資金

図表4-(2)　貸借対照表

取引先名：C社　　　　　　　　　　　　　　　　　　　　　　　　　　　　（単位：百万円）

資　産	37期	38期	39期	負債・純資産	37期	38期	39期
流　動　資　産	1,532	1,534	1,783	流　動　負　債	1,117	872	1,000
現金預金	497	707	616	支払手形	228	199	224
受取手形	392	210	329	買掛金	350	316	349
売掛金	441	427	602	短期借入金	277	200	207
製品・商品	14	77	126	未払金	97	21	7
原材料	27	36	33	未払費用	32	24	29
半製品・仕掛品	77	26	28	前受金	44	31	37
貯蔵品	1	1	2	預り金	12	11	28
前渡金	7	0	0	賞与引当金	7	7	7
前払費用				未払法人税等	70	63	112
未収入金	63	35	35				
その他	21	21	21				
貸倒引当金（－）	-8	-6	-9				
固　定　資　産	1,120	1,106	1,064	固　定　負　債	1,164	1,334	1,287
有形固定資産	1,001	945	896	長期借入金	1,109	1,277	1,228
建物	161	147	133	退職給付引当金	55	57	59
構築物	49	35	42				
機械装置	154	147	112				
車輌運搬具	63	49	28	負　債　合　計	2,281	2,206	2,287
工具器具備品	35	28	35	資　本　金	154	154	154
土地	539	539	539	資本剰余金			
その他	0	0	7	資本準備金			
無形固定資産	7	7	7	その他資本剰余金			
その他	7	7	7	利益剰余金	217	280	406
投資その他の資産	112	154	161	利益準備金	16	16	16
差入保証金	105	105	105	その他利益剰余金	201	264	390
投資有価証券	7	14	7	任意積立金	7	7	7
その他	0	35	49	繰越利益剰余金	194	257	383
繰　延　資　産				純　資　産　合　計	371	434	560
資　産　合　計	2,652	2,640	2,847	負債・純資産合計	2,652	2,640	2,847

図表4-(3) 経営分析表

C社 (単位:百万円、%、回)

		項目＼期	37期	38期	39期	業界平均
収益性		総資本経常利益率（①×②）	4.7%	3.7%	8.1%	5.3%
	①	売上高経常利益率	2.2%	1.8%	4.0%	4.7%
	②	総資本回転率	2.2回	2.0回	2.0回	1.3回
	①の展開	売上高総利益率	29.9%	31.8%	31.1%	24.6%
		売上高営業利益率	2.5%	2.3%	3.3%	4.2%
		売上高経常利益率	2.2%	1.8%	4.0%	4.7%
	②の展開	売上債権回転率	7.0回	8.5回	6.2回	5.6回
		棚卸資産回転率	49.1回	38.5回	30.5回	──
		固定資産回転率	5.2回	4.9回	5.4回	──
参考		買入債務回転率	10.1回	10.5回	10.1回	──
健全性		自己資本比率	14.0%	16.4%	19.7%	37.4%
		流動比率	137.2%	175.9%	178.3%	171.0%
		当座比率	119.1%	154.1%	154.7%	130.3%
		固定比率	301.9%	254.8%	190.0%	151.3%
		固定長期適合率	73.0%	62.6%	57.6%	77.2%
		借入依存度	52.3%	55.9%	50.4%	──
成長性〈指数〉		売上高	100	92	99	──
		売上総利益	100	98	102	──
		営業利益	100	86	129	──
		経常利益	100	78	183	──
		総資本	100	99	107	──
		自己資本	100	117	151	──
		固定資産	100	99	95	──
		従業員数	100	104	121	──
その他		インタレスト・カバレッジ・レシオ	4.3倍	3.7倍	6.8倍	──
		売上高純金利負担率	0.5%	0.6%	0.5%	──
		手許流動性比率	1.0ヵ月	1.6ヵ月	1.3ヵ月	──

(注)本事例の場合の当座比率＝（現金預金＋受取手形＋売掛金）÷流動負債

事例4　製造業　設備資金

図表4－(4)　損益分岐点計算表

C社　　　　　　　　　　　　　　　　　　　　　　　　（単位：百万円）

項目		37期	38期	39期	
売　上　高　　　　　　　　（イ）		5,845	5,390	5,768	
変動費	原材料費	1,368	1,382	1,389	
	外注費	1,670	1,089	1,271	
	荷造運賃費	126	140	140	
	動力費	28	26	44	
	期首、期末在庫の差	－35	－12	－51	
	変動費合計　　　（ロ）	3,157	2,625	2,793	
	変動費比率 ((ロ) ÷ (イ)) ×100	54.0%	48.7%	48.4%	(54.5%)
限界利益　　　　　　　　　（ハ）		2,688	2,765	2,975	
限界利益率　　　　　　　　（ニ） ((ハ) ÷ (イ)) ×100		46.0%	51.3%	51.6%	
固定費	人件費　　　　　　（ホ）	1,344	1,358	1,421	
	減価償却費	77	105	98	
	その他工場経費　　（ヘ）	294	378	441	
	その他販管費　　　（ト）	826	798	826	
	純金融費用　　　　（チ）	32	33	26	
	その他費用	－11	－5	－68	
	固定費合計　　　（リ）	2,562	2,667	2,744	
	固定費比率 ((リ) ÷ (イ)) ×100	43.8%	49.5%	47.6%	(41.8%)
経常利益 ((イ) － (ロ) － (リ))		126	98	231	
損益分岐点売上高　　　　　（ヌ） ((リ) ÷ (ニ))		5,570	5,199	5,318	
損益分岐点比率　　　　　　（ル） ((ヌ) ÷ (イ)) ×100		95.3%	96.5%	92.2%	(91.7%)

（　）内業界平均

作成方法
1．損益分岐点を計算するには、その企業において発生する全ての費用を変動費か固定費のいずれかに分けなければならない。費用の区分の方法にはいくつかの方法があるが、ここでは最も実務的な方法として、勘定科目法を採用している。
　　勘定科目法は一つひとつの費用の性格をみて勘定科目毎に変動費と固定費に区分する方法である。
2．変動費の中の「期首、期末在庫の差」は仕掛品と製品の期中増減額のことで、全て変動費としている。
3．「その他費用」のマイナスは、営業外収益と営業外費用のうち純金融費用を控除した後に営業外収益が発生する場合、マイナスの固定費として固定費をその額だけ圧縮する。

図表4-(5) 資金運用表
(自37期～至38期)

C社

短　期　面　　　　　　　　　　　　　　　　　　　　　　　　（単位：百万円）

運用 科目	金額	調達 科目	金額
売上債権	-196	買入債務	-63
受取手形	-182	支払手形	-29
売掛金	-14	買掛金	-34
棚卸資産	21	その他流動負債	-98
その他流動資産	-35		
小　計	-210	小　計	-161
運転資金余裕	49	運転資金不足	
合　計	-161	合　計	-161

長　期　面

運用 科目	金額	調達 科目	金額
決算資金	70	自己資金	168
法人税等支払額	70	当期純利益	63
固定資産投資	91	有形固定資産減価償却費	105
有形固定資産	49	諸引当金	0
無形固定資産	0	法人税等留保分	63
投資その他の資産	42		
小　計	161	小　計	231
長期面余裕	70	長期面不足	
合　計	231	合　計	231

総　合　面

運用 科目	金額	調達 科目	金額
短期借入金返済	77	減少運転資金	49
現金預金の増加	210	長期面余裕	70
		長期借入金	168
合　計	287	合　計	287

図表4-(6) 資金運用表
(自38期～至39期)

C社

短 期 面 (単位：百万円)

運　用		調　達	
科　　目	金　額	科　　目	金　額
売上債権	294	買入債務	58
受取手形	119	支払手形	25
売掛金	175	買掛金	33
棚卸資産	49	その他流動負債	14
その他流動資産	0		
小　　計	343	小　　計	72
運転資金余裕		運転資金不足	271
合　　計	343	合　　計	343

長 期 面

運　用		調　達	
科　　目	金　額	科　　目	金　額
決算資金	63	自己資金	229
法人税等支払額	63	当期純利益	126
固定資産投資	56	有形固定資産減価償却費	98
有形固定資産	49	諸引当金	5
無形固定資産	0	法人税等留保分	112
投資その他の資産	7		
小　　計	119	小　　計	341
長期面余裕	222	長期面不足	
合　　計	341	合　　計	341

総 合 面

運　用		調　達	
科　　目	金　額	科　　目	金　額
増加運転資金	271	長期面余裕	222
長期借入金返済	49	短期借入金	7
		現金預金の減少	91
合　　計	320	合　　計	320

図表4-(7) 資金移動表

C社 (単位：百万円)

項目			決算期	38期	39期
経常収支	経常収入		売上高	5,390	5,768
			営業外収益	28	70
		(−)	売上債権の増加	196	−294
		(+)	前受金の増加	−13	6
		(−)	未収収益の増加		
		(+)	前受収益の増加		
		(−)	その他流動資産の増加	28	0
			合　　計	5,629	5,550
			（対売上高比）	104.4%	96.2%
	経常支出		売上原価	3,675	3,976
			販売費及び一般管理費	1,589	1,603
			営業外費用	56	28
		(+)	棚卸資産の増加	21	49
		(−)	買入債務の増加	63	−58
		(+)	前払費用の増加		
		(−)	未払費用の増加	8	−5
		(+)	前渡金の増加	−7	0
		(−)	減価償却費	−105	−98
		(−)	引当金の増加	0	−5
		(−)	その他流動負債の増加	77	−3
			合　　計	5,377	5,487
			（対売上高比）	99.8%	95.1%
			経　常　収　支　過　不　足	252	63
			（経常収支比率）	104.7%	101.1%
経常外収支	設備関係等収支		特別利益	35	14
			特別損失	7	7
			合　　計	28	7
		(+)	有形固定資産の増加	49	49
		(+)	無形固定資産の増加	0	0
		(+)	投資その他の資産の増加	42	7
		(+)	繰延資産の増加		
		(−)	その他固定負債の増加		
			合　　計	91	56
			設備関係等収支過不足	−63	−49
	決算収支		法　人　税　等　支　払　額	70	63
			配当金	0	0
			合　　計	70	63
			決　算　収　支　過　不　足	−70	−63
	財務収支	(+)	長期借入金の増加	168	−49
		(+)	短期借入金の増加	−77	7
		(+)	割引手形の増加		
			増資等		
			合　　計	91	−42
			財　務　収　支　過　不　足	91	−42
			現　金　預　金　増　減	210	−91

図表4-(8) 銀行別借入明細表

		融資シェア 第39期(実績) 残高(百万円)	%	第40期(見込) 残高(百万円)	%
当行(A行)	商手	0		0	
	短期	115		98	
	長期	672		887	
	(うち短期)	(115)	(55.6)	(98)	(55.4)
	計	787	54.9	985	57.2
B行	商手	0		0	
	短期	67		59	
	長期	368		481	
	(うち短期)	(67)	(32.4)	(59)	(33.3)
	計	435	30.3	540	31.3
その他	商手	0		0	
	短期	25		20	
	長期	188		178	
	(うち短期)	(25)	(12.0)	(20)	(11.3)
	計	213	14.8	198	11.5
合計	商手	0		0	
	短期	207		177	
	長期	1,228		1,546	
	(うち短期)	(207)	(100)	(177)	(100)
	計	1,435	100	1,723	100

各行分担

申込額(百万円)	%
250	62.5
250	62.5
150	37.5
150	37.5
0	0
400	100
400	100

● 当行総与信と引当担保状況

(単位:百万円)

総与信	第39期(残高)	第40期(計画)
商手	0	0
短期	115	98
長期	672	887
合計(A)	787	985

引当担保 種類	第40期(残高)
不動産(根)	800
不動産(抵)	250
合計(B)	1,050
40期(B)-(A)	65

2 与信判断

① 融資案件の妥当性

(1) 設備投資の必要性について

　最近の欧米の経済成長の下降傾向により、日本の輸出の伸びが止まり、大手電機メーカーも需要の低迷の影響を受けている。当社も前々期あたりから受注減少傾向となり、37期売上高5,845百万円をピークに、38期5,390百万円、39期5,768百万円とやや伸び悩み傾向となっている。そのため、営業マンを増強し、販路拡大と新事業開拓を目指し鋭意努力中であったが、今般、自動車関連機器メーカーの取引開拓に成功した。受注の内容はI.T.S（Intelligent Transport System、高度道路交通システム。道路交通情報システム、有料道路の料金自動収受システム、自動車運送道路システムなどがある）の関連機器部品の製造である。今後20年間で50兆円の需要が見込まれる非自動車分野である。電機業界からも部品メーカーや完成車メーカーとの提携を通じてI.T.S事業への参入が始まっている。

　当社にとっても、この受注を契機に従来の電機メーカーの協力会社から脱皮し自動車関連メーカーとの取引深耕を図ることにより、業容拡大に寄与せしめたく、この設備投資は必要不可欠であると考えている。

(2) 所要資金の妥当性について

　設備資金の算出根拠を検討するため、Ｃ社より下記資料を徴求し設備資金の妥当性を検討した。

　・土地の売買契約書
　・建物確認済証
　・建築工事請負契約書
　・建築場所の地図、公図
　・不動産登記事項証明書

① 土地価格の妥当性

建築場所の地図、公図により建築場所を確認した。次いで、路線価図より建築場所の路線価および近隣の公示価格を調べると、路線価はm^{2}当り200千円、近隣の公示価格はm^{2}当り250千円であった。購入土地はm^{2}当り252千円となるので、概ね妥当と判断した。

さらに、地元の取引先であるA不動産業者より地価相場を聴取し、その妥当性を確認した。

② 建築価格の妥当性について

最近の建築統計年報から、鉄筋コンクリート造りはm^{2}当り190千円～200千円といわれており、本事例の場合、m^{2}当り190千円であるので、工事建屋向け工事費としては妥当であると判断できる。

(3) 投資時期について

電機メーカーの受注伸び悩みの状況の中にあって、新規開拓に成功したことと、I.T.S事業の今後の成長期待から、また財務体質からみても投資のタイミングは問題ない。

(4) 建築物について

建物確認済証により違反建築でないことは確認できた。

◇2 財務・資金分析による企業内容の検討

C社の経営分析表、資金表等から財務、資金分析を行い、企業内容を把握した（図表4－(1)～図表4－(7)参照）。

(1) 収益性分析 （図表4－(3)参照）

① 総資本経常利益率

収益性の総合指標である総資本経常利益率は過去3年間平均5.5％で、業界平均（黒字企業のみ対象、以下同様）最近3年間平均の5.3％を上回り、良好な収益性水準を維持している。特に、39期は営業外収益で特殊要因による大口入金があったため8.1％と極めて良好な水準となった。

② 第一次展開（総資本経常利益率を売上高経常利益率（利幅面）と総資本回転率（回転、効率面）に展開）

イ．売上高経常利益率（利幅面）

　　　　売上高経常利益率は過去3カ年平均2.7％で、業界平均の4.7％に比べて収益性水準は低いが、安定的に利幅を確保している。
　ロ．総資本回転率（回転、効率面）
　　　　総資本回転率は過去3カ年で平均2.1回と、業界平均の1.3回を大幅に上回り、回転面、効率面は良好な水準にある。
投下資本の回転率、効率が良いことが収益性良好の要因となっている。
③　第二次展開（売上高経常利益率と総資本回転率の展開）
　イ．売上高経常利益率（利幅面）の展開
　　a．売上高総利益率
　　　　売上高総利益率（粗利）は過去3カ年間平均30.9％で、業界平均24.6％を大幅に上回り、極めて良好な水準を維持している。これは製品に独自性があり競争力が強いことを示している。
　　b．売上高営業利益率
　　　　売上高営業利益率は過去3カ年平均2.7％で、業界平均の4.2％と比較して、やや低い水準である。販売費及び一般管理費の中身について検討の余地がある。
　ロ．総資本回転率（回転面、効率面）の展開
　　a．売上債権回転率
　　　　売上代金の回収速度を表わす売上債権回転率は過去3カ年平均7.2回で、業界平均5.6回を上回る。しかし、39期は受取手形、売掛金の回収が遅れ、6.2回と大幅に低下した。要因を検討する必要がある（一時的なものであれば特に問題はない）。
　　b．棚卸資産回転率
　　　　棚卸資産回転率は製品在庫の増加により39期に30.5回となり、37期比かなり悪化したが、回転期間は0.39カ月と比較的短い水準を維持しており、特段問題はないとみられる。
　　c．固定資産回転率
　　　　固定資産回転率は過去3カ年平均5.2回でほぼ安定している。特に大きな設備投資をしていないので、売上高の増減により多少上下しているがほぼ安定的に推移している。

> 【収益性まとめ】
>
> 　まずまずの収益性を保持している。売上高総利益率は高く製品に競争力はある。回転率も良好。今後は売上高増強策が課題。

(2) 健全性分析 (図表4-(3)参照)

① 自己資本比率

　健全性の中核指標である自己資本比率は過去3年間平均16.7％で、業界平均の37.4％と比較して脆弱である。しかし、配当、役員賞与を抑え毎年利益を内部留保に回し、年々自己資本比率を上昇させていることは評価できる。39期は20％弱までに改善し、普通企業並の水準となった。

　一方、総資本に占める長短借入金の割合は過去3年間平均で52.9％となっており、借入金が多い。今後、引き続き自己資本を充実し、借入金の返済を促進して、財務体質の強化に努める必要がある。

② 流動比率、当座比率

　短期支払能力をみる流動比率は過去3年間平均163.8％で業界平均の171.0％よりやや低いが、良好な短期資金の支払能力を保持している。

　直接的支払能力をみる当座比率は過去3年間平均142.6％で業界平均の130.3％を上回り、極めて良好な水準を維持している。直接的支払能力は十分にあるとみなされる。

③ 固定比率、固定長期適合率

　固定比率は過去3年間平均248.9％と業界平均151.3％を大幅に上回り、固定資産が返済不要の自己資本で半分以下程度しか賄われておらず、借入金等で不足分を充当していることを示している。ただし、日本の企業の大半は固定比率が100％を超えており、この指標のみで長期支払能力を判断することはできない。

　そのため、日本では固定比率にかわる日本的指標として、固定長期適合率がよく使われる。固定長期適合率は過去3年間64.4％で、業界平均77.2％と比較して良好であり、まずまず健全な水準を保持しているといえよう。これは固定資産への投資分は資金として安定している長期借入金で調達しているためである。

④ インタレスト・カバレッジ・レシオ（支払利息等の利払能力）

インタレスト・カバレッジ・レシオは過去3カ年平均4.9倍で、支払利息等の利払能力は十分にあるとみなされる。

> 【健全性まとめ】
> 財務健全性は概ね無難な水準を保っており、特に問題はないが、引き続き自己資本の充実が望まれる。

(3) 成長性分析（指数分析）（図表4−(3)参照）

① 売上高

売上高は37期と比較して、38期、39期はいずれも減少となり、売上高の伸び悩みが懸念される。

② 利益指数

利益面は、売上高が伸び悩むなか、39期は37期と比較して、大幅に改善した。前述の営業外収益における特殊要因の影響が大きい。

③ 資本指数

総資本は概ね横ばいから多少増加に転じているなか、自己資本（純資産）は毎年の利益を内部留保に回しており、大幅な増加、改善がみられた。固定資産は3年間大きな設備投資がなかったため、減価償却分のみ指数が低下した。

> 【成長性まとめ】
> 成長性はやや伸び悩み、特に売上対策に努力を要する。自己資本の増加は評価できる。

(4) 損益分岐点分析（図表4−(4)参照）

① 最近の概況

39期は経常利益231百万円で、損益分岐点は5,318百万円（月商ベース443百万円）であった。これは売上高対比でみる損益分岐点比率では92.2％となる。

② 損益分岐点比率（収益構造）

企業の収益構造をみる損益分岐点比率は過去3年間平均94.7％で、業

界平均91.7％と比較して3.0％高い（悪化）。これは、あと5.3％売上高が減少したら収支トントン（利益もなければ損失も発生しない水準）となる水準である。利益は計上するも、収益構造上危険な領域に入っていることを示す。

③　変動費比率、固定費比率（損益分岐点比率の原因追求）

損益分岐点比率が高い原因を変動費比率と固定費比率に分けてみると次のようなことがいえる。

イ．変動費比率は過去3カ年平均で50.4％で、業界平均54.5％と比べて4.1％低い（良化）。そのため、限界利益率は過去3カ年平均で49.6％と高くなっている。一方、変動費の中で外注費の占める割合が過去3カ年平均で46.6％と比較的高い。

ロ．固定費比率は過去3年間平均で47.0％で、業界平均41.8％に比べて5.2％高い（悪化）。固定費比率が高いため損益分岐点比率が高く、利益は計上しているが収益構造上危険領域にあると考えられる。

固定費比率の高い要因は、固定費に占める人件費の割合が過去3年間平均で51.7％と高いことである。

【損益分岐点分析まとめ】

収益構造上、危険領域にあり、その主因は固定費の中の人件費である。今後、損益分岐点からみた収益向上策としては、売上高を増加させることと、固定費の中の人件費と変動費の中の外注費の見直しなどが考えられる。

(5) 資金分析

①　資金運用表分析（資金の運用、調達状況から運転資金や設備資金等の適否をみる）

＜38期＞（図表4－(5)）

イ．短期面（運転資金面）

売上高減少により、売上債権が196百万円減少、棚卸資産21百万円増加、買入債務63百万円減少となり、112百万円の減少運転資金（運転資金の余裕）が発生した。

一方、その他流動資産は35百万円減少、その他流動負債は98百万円の減少となった。
　　そのため、全体では運用の減少額210百万円が調達の減少額161百万円を上回ったため、差額の49百万円が運転資金の余裕となった。
　ロ．長期面（設備資金他）
　　決算資金70百万円、固定資産投資91百万円は自己資金168百万円及び法人税等留保分（P／Lの法人税等）63百万円で賄い、差額70百万円は長期面の余裕資金となった。
　ハ．総合面（財務面）
　　運転資金の余裕49百万円と長期面の余裕70百万円の一部で短期借入金77百万円を返済し、残額42百万円と長期借入金168百万円は現金預金の増加210百万円となった。

＜39期＞（図表4－(6)）
　イ．短期面（運転資金面）
　　売上高増加および売上回収の遅れにより売上債権が294百万円増加、棚卸資産49百万円増加、買入債務は58百万円の増加となり、その差額で285百万円の増加運転資金が発生した。その他流動資産、その他流動負債の増減を加味し、短期面全体で271百万円の運転資金不足（増加運転資金）となった。
　ロ．長期面（設備資金他）
　　決算資金63百万円は法人税等留保分112百万円の一部で調達。固定資産投資56百万円は自己資金229百万円の一部で調達。各々の差額合計222百万円が長期面の余裕となった。
　ハ．総合面（財務面）
　　増加運転資金271百万円と長期借入金の返済49百万円は短期借入金7百万円、長期面の余裕222百万円で全額調達できず、一部現金預金91百万円を取り崩し調達した。現金預金の取り崩しは一時的なものであれば問題はない。

事例4　製造業　設備資金

【資金分析まとめ】

　39期の所要運転資金547百万円（売上債権931＋棚卸資産189－買入債務573）に対する短期借入金は207百万円と▲340百万円不足の状態。その分は安定的に調達したいとの当社意向により長期借入金で賄っており、資金の運用、調達全体では特に問題はないと思われる。

② 　資金移動表分析（１年間の現金の収支状況をみて、資金繰りの健全度や倒産危険度を把握する）

＜38期＞（図表4－(7)）

　イ．経常収支

　　経常収入面では、売上高は5,390百万円計上するも、売上債権が196百万円減少したことを主因に経常収入は5,629百万円と売上高を239百万円上回った。一方、経常支出面では、売上原価3,675百万円、販管費1,589百万円、営業外費用56百万円、合計5,320百万円計上するも減価償却費105百万円計上等により経常支出は5,377百万円となった。そのため、経常収支は252百万円の収入超過となり、経常収支比率は104.7％と良好であった。

　ロ．経常外収支

　　経常外収支面では、設備関係等収支の支出超過63百万円、決算収支の支出超過70百万円、合計で133百万円の支出超過となった。一方、財務収支は長期借入金の増加168百万円を主因に全体で91百万円の収入超過となった。

　ハ．総合的見解

　　設備関係等及び決算収支の支払超過133百万円は、経常収支の収入超過252百万円と財務収支の収入超過91百万円の一部で充当し、残額210百万円は現金預金の増加となった。

経常収支	＋252百万円	設備関係等収支	▲ 63百万円
財務収支	＋ 91百万円	決算収支	▲ 70百万円
小　計（A）	＋343百万円	小　計（B）	▲133百万円

　　（A）－（B）＝＋210百万円（現金預金の増減）

＜39期＞（図表4－(7)）

　イ．経常収支

　　　経常収入面では、売上高は前年比378百万円増加の5,768百万円計上するも、売上高増加や売上回収の遅れ等により売上債権が294百万円増加したことを主因に経常収入は5,550百万円にとどまり、売上高より下回った。一方、経常支出面では、売上原価3,976百万円、販管費1,603百万円、営業外費用28百万円、合計5,607百万円計上するも買入債務の増加58百万円、減価償却費の計上98百万円等により経常支出は5,487百万円にとどまった。そのため、経常収支は63百万円の収入超過となり、経常収支比率は101.1％と無難な資金収支状況となった。

　ロ．経常外収支

　　　設備関係等の支出超過49百万円、決算収支の支出超過63百万円、合計112百万円の支出超過となった。財務収支では長期借入金の返済等により全体で42百万円の支出超過となった。

　ハ．総合的見解

　　　設備関係等および決算収支の支出超過112百万円と財務収支の支出超過42百万円は経常収支の収入超過63百万円で賄いきれず、残額は現金預金を取り崩して賄った。

経常収支　　＋63百万円	設備関係等支支　▲49百万円
	決算収支　　　▲63百万円
	財務収支　　　▲42百万円
小　計（A）　＋63百万円	小　計（B）　▲154百万円

（A）－（B）＝▲91百万円（現金預金の増減）

【資金移動表まとめ】

　当面の資金収支は無難に推移中であるが、39期は売上債権の回収遅れによりやや資金繰りが多忙になっている。今後は売上債権の回収強化、売上原価、販管費等の見直しによる資金収支の改善を要する。

◇3 設備投資の収支計画（平年度ベース）

前述1②の設備投資計画とC社社長からの事情聴取の結果、次の収支計画が予測されることがわかった（平年度ベース）。

① 設備投資計画による売上高増加　年間　400百万円
② 変動費比率　70％
③ 減価償却　定額法
　　　耐用年数　建物35年、機械装置7年、什器備品5年、
　　　残存価額　取得価額の10％
④ その他固定費（減価償却費、支払利息除く）　26百万円
⑤ 人員の増加　当初既存事業の売上伸び悩みに対処すべく、来年度から人員を5～10名削減予定であったが、今回の受注により、削減予定人員程度を新規事業に投入し対応することとしたので、人員増加はない
⑥ 法人税等の実効税率は45％とする

設備投資の収支計画

（単位：百万円）

項　目	金　額
売上高	400
変動費	280
限界利益	120
固定費	78
減価償却費	33
支払利息	19
その他固定費	26
利払後営業利益	42
営業外損益	－
経常利益	42
特別利益	－
特別損失	－
税引前当期純利益	42
法人税等	19
当期純利益	23

●計算根拠

① 変動費　売上高×変動費比率　　400百万円×70％＝280百万円
② 固定費　減価償却費

　　　　建物　　　（190百万円－19百万円）÷35年≒4.9百万円
　　　　機械　　　（180百万円－18百万円）÷7年≒23.1百万円
　　　　什器備品　（30百万円－3百万円）÷5年＝5.4百万円
　　　　　　　　　　　　　　　　合計　　　33.4百万円

③ 支払利息

　　1回目利息（借入半年後）　　　500百万円×4％×$\frac{1}{2}$＝10百万円

　　2回目利息（借入1年後）（500百万円－36百万円）×4％×$\frac{1}{2}$≒9.3百万円

　　　　　　　　　　　　　　　合　計　　　19.3百万円

　　1回当り借入金返済額　500百万円÷14（回）≒36百万円

④ 設備の経済性計算

　設備の経済性計算の方法は①回収期間法、②投資利益率法、③現在価値法がある。

　「回収期間法」とは、設備投資額をその投資からもたらされる年々のキャッシュフロー（償却前利益）で回収するのに何年かかるかをみる方法である。回収期間の長短により投資の可否を判断する。

　「投資利益率法」とは、投下資本に対する会計上の利益、すなわち償却後利益の割合を求める方法である。投資利益率の高い案を採用する。会計的利益率法ともいう。

　「現在価値法」とは、将来の収益を現在価値に引き直して投資の良否を判断する方法である。時間の考えを入れたものとして理論的には最も望ましい。「正味現在価値法」と「内部利益率法」の二つがある。正味現在価値法とは、投資によって得られる年々のキャッシュフローをある一定の資本コストで割り引いた現在価値の合計が大きければ投資を実行し、小さければ投資を否決するという方法である。内部利益率法とは、

キャッシュフローの現在価値と設備投資額が等しくなるような割引率（内部利益率）を求め、それが企業の基準としている資本コストより大きければ投資を実行し、資本コストを下回ると否決するという方法である。

現在価値法は企業が設備投資を実行するか否かの意思決定をする場合に活用される。本件は銀行が融資を実行するかどうかの判断を問う事例であるので、回転期間法と投資利益率法を設備投資の経済性計算として採用し、現在価値法は省略する。

① 回収期間法

＜算式＞

$$回収期間 = \frac{設備投資額}{当期純利益 + 減価償却費} = \frac{536百万円}{23百万円 + 33百万円} = 9.6年$$

$$\left[設備借入金償還年限 = \frac{借入金}{当期純利益 + 減価償却費} = \frac{500百万円}{23百万円 + 33百万円} = 8.9年 \right]$$

② 投資利益率法

＜算式＞

$$投資利益率 = \frac{予想営業利益(償却後・利払前利益)}{設備投資額 + 増加運転資本} = \frac{42百万円 + 19百万円}{536百万円 + \frac{400百万円}{12カ月} \times 1.14カ月^{※}} = 10.6\%$$

※運転資本回転期間は後述の所要運転資金回転期間の算出（190～191頁）を参照。

売上債権回転期間　1.94カ月（39期）
棚卸資産回転期間　0.39カ月（39期）
買入債務回転期間　1.19カ月（39期）
差し引き　　　　　1.14カ月（39期）

回収期間法では9.6年間で回収できることになる。また、設備投資額536百万円のうちの大半である500百万円を借入調達する計画であるので、設備借入金償還年限は8.9年となる。回収期間法、設備借入金償還年限からみて調達計画の借入期間7年間ではやや回収が困難と思料される。

投資利益率法では、借入金利と現在の企業全体の総資本利払前経常利

益率と比較して判断すればよい。まず、借入金利は4％であるので、今回の投資利益率10.6％であれば十分負担できることになる。

第39期総資本利払前経常利益率は9.1％ $\left(\dfrac{231百万円+28百万円}{2,847百万円}\times100\right)$ で、今回の投資利益率10.6％の方が高いので企業価値の向上に寄与できる。

以上から、投資利益率法では満足できる結果となったが、回収期間法、設備借入金償還年限では問題があり、設備投資計画の一部を見直す必要がある。

◇5◇ 設備投資計画の修正

以上の分析結果をもとに、下記の二つの観点から設備投資額または借入調達計画の一部修正依頼のため、C社社長と面談を行った。

（1）設備投資額の削減

前述の回収期間法によると、9.6年間の回収期間が必要であり、かつ設備投資額の大半である500百万円の借入金調達では設備借入金償還年限でも8.9年間となる。計画の借入期間7年間では返済が厳しく、もう少しゆとりのある計画に修正することが求められる。C社側としては、機械の耐用年数に相応する7年間に設定したと考えられ、それなりに納得性はあるが、土地購入まで含めた全体の設備投資計画では回収期間にもう少し余裕を持たせることが必要であると思われる。そのため、設備投資計画の見直しにより設備投資額の削減を検討する必要がある。

（2）借入調達金額の削減

一方、C社が借入期間を7年間に固守するならば（銀行側としても融資期間は7年間程度が最適と考えられる）、借入金額を何らかの方法で削減する対応を考える必要がある。

面談内容は以下の通りである。

行員「先般の設備投資借入の申込みありがとうございました。提出していただいた資料を早速分析させていただきました。不況下にもかかわらず堅調な業容拡大心強い限りです」

社長「前々期（38期）は電機業界が過当競争に陥り、経済環境が一気

に悪化し、当社も37期比で売上高が５億円弱の減少となって冷や汗をかきましたよ。39期は社員一丸となって拡販努力と生産面の合理化により、57億円強の売上高に回復してきたが、37期の売上高58億円を上回ることができなかった。しかし、利益面では、経常利益は２億円を超え、当社設立以来最高を記録しました」

行員　「他業種では多くの企業が売上高、利益とも減少傾向にあるなか、御社は立派ですよ」

社長　「社員が一生懸命働いてくれたお蔭です」

行員　「ところで、以前より聞いておりました自動車産業への新規進出の件、さっそく取引開拓に成功されおめでとうございます。御社の営業力、技術力はたいしたものですね。この不況期に他業種へ進出するのは大変困難であったと思われますが…」

社長　「スカウトしてきた営業マンが優秀で、自動車業界にも顔がひろく、コネをうまく利用して取引開拓に結びつけたもので、私もこんなに早く新規開拓ができるとは思ってもいませんでした。そのため、この商談を聞いたとき受注すべきかどうか、設備投資をするかどうかずいぶん悩みました。最後は、Ａ銀行さんにこの案件をぶつけてみて、Ａ銀行さんから良い返事がもらえなかったら、この商談は断ろうとも思っていましたよ」

行員　「今時、前向きの設備資金借入は極めて珍しく、支店長に話したら、『Ｃ社なら前向きに検討するように』と言われました。私も必死で資料を分析させていただきました」

社長　「ありがとうございます」

行員　「ところで、今回の設備投資について、当行は融資することについては何ら異論はないのですが、私が分析した結果では、返済が少し窮屈なのではないかと思いご相談にきました。借入期間が７年間の申出ですが、もう少し長くして10年程度では如何でしょうか。そうすると返済もかなり楽になると思いますが」

社長　「借入期間を７年間にしたのは、機械の耐用年数が７年ですので、７年間で申出たのです…」

行員「確かに7年間は借入期間としては最適な期間であると思われますし、銀行としても10年よりは7年の方がよいのですが、今回の設備投資には機械だけでなく土地や建物もありますし、また、不透明な経済環境では少し余裕があった方がよいかと思われますが…」

社長「あまり長く借りるのも将来の負担が大きくなるので、7年間くらいがよいかなと思っているのですが…。今回の設備投資は当社の将来を決定する重大なものですから、この設備投資計画通り実施したいと考えています。代りに、過去からの内部留保により積み上がっている預金を100百万円取り崩し、自己資金を充当することで借入金を100百万円減らし、銀行借入総額を400百万円として、設備投資計画はそのままにするのは如何でしょうか。当社としても100百万円の預金を取り崩しても十分資金繰りは回っていくと思われますが…」

行員「当行の預金が一部減少するのは残念ですが、これもいい案ですね。早速銀行に帰って再度検討してみます。後日、ご連絡申し上げます」

社長「A銀行さんは当社の主力銀行ですのでご信頼申し上げています。よろしくお願いします」

　帰店後、今回の設備投資計画の借入金総額500百万円のうち100百万円を自己資金で充当し、銀行借入金総額を400百万円にすることで再度投資採算の検討を行うこととした。

　① 設備投資の修正後調達計画

　　・自己資金　　　　　136百万円（当初計画比　　＋100百万円）
　　・長期借入金　A行　250百万円（当初計画比　　▲ 50百万円）
　　　　　　　　　B行　150百万円（当初計画比　　▲ 50百万円）
　　　　　　　　　合計　400百万円（当初計画比　　▲100百万円）

　自己資金プラス100百万円は現金預金を取り崩し賄う。

　その他条件は当初通り。

② 修正後設備投資の収支計画

(単位:百万円)

項　目	金　額	当初計画比
売上高	400	0
変動費	280	0
限界利益	120	0
固定費	74	−4
減価償却費	33	0
支払利息	15	−4
その他固定費	26	0
利払後営業利益	46	4
営業外損益	―	―
経常利益	46	4
特別利益	―	―
特別損失	―	―
税引前当期純利益	46	4
法人税等	21	2
当期純利益	25	2

●支払利息計算根拠

1回目利息(借入半年後)　　　　　$400百万円 \times 4\% \times \dfrac{1}{2} = 8百万円$

2回目利息(借入1年後)　$(400百万円 - 29百万円) \times 4\% \times \dfrac{1}{2} ≒ 7百万円$

　　　　　　　　　　　　　　　　　　　　　合計　　15百万円

　　　1回当り借入金返済額　400百万円÷14回≒29百万円

③ 修正後設備の経済性計算

イ．回収期間法

$$\dfrac{設備投資額}{当期純利益 + 減価償却費} = \dfrac{536百万円}{25百万円 + 33百万円} = 9.2年$$

$$\left[\begin{array}{l} 設備借入金償還年限 \\ = \dfrac{設備借入金}{当期純利益 + 減価償却費} = \dfrac{400百万円}{25百万円 + 33百万円} = 6.9年 \end{array}\right]$$

ロ．投資利益率法

$$\frac{予想営業利益（償却後・利払前利益）}{設備投資額＋増加運転資本}＝\frac{46百万円＋15百万円}{536百万円＋\dfrac{400百万円}{12カ月}\times 1.14カ月}＝10.6\%$$

　回収期間法は修正前比0.4カ年短縮の9.2年と借入期間7年より長いが、設備借入金償還年限は借入金100百万円減少することにより、修正前比2.0年短縮の6.9年となり、借入期間7年とほぼ妥当な水準に落ち着くことになる。

　投資利益率では修正前比と変らない10.6％となる。

　以上から、修正案は回収期間法では9.2年となるが、設備借入金償還年限は6.9年となり借入期間7年を下回ることとなり、回収はほぼ妥当と判断できる。

⟪6⟫ 設備投資に伴う増加運転資金の発生

　設備投資に伴う増加運転資金が発生する。新規開拓先との回収条件は、既存取引先と同条件にするとの内諾を得ているので、設備投資に伴う増加運転資金を算出するために、まず既存事業の所要運転資金回転期間を求める。次に設備投資に伴う売上高（月商に換算）に所要運転資金回転期間を掛けて増加運転資金を算出する。ステップは次の通りである。

① 既存事業の所要運転資金回転期間の算出

所要運転資金回転期間の算出表

（単位：百万円）

決算期　項目	37 期	38 期	39 期
売上債権回転期間＝$\dfrac{受取手形＋売掛金}{月商}$	$\dfrac{392+441}{487}=1.71$（カ月）	$\dfrac{210+427}{449}=1.42$（カ月）	$\dfrac{329+602}{481}=1.94$（カ月）
棚卸資産回転期間＝$\dfrac{棚卸資産}{月商}$	$\dfrac{119}{487}=0.24$（カ月）	$\dfrac{140}{449}=0.31$（カ月）	$\dfrac{189}{481}=0.39$（カ月）
買入債務回転期間＝$\dfrac{支払手形＋買掛金}{月商}$	$\dfrac{228+350}{487}=1.19$（カ月）	$\dfrac{199+316}{449}=1.15$（カ月）	$\dfrac{224+349}{481}=1.19$（カ月）

② 39期の所要運転資金回転期間

売上債権回転期間＋棚卸資産回転期間－買入債務回転期間
＝1.94カ月＋0.39カ月－1.19カ月＝1.14カ月

③ 設備投資計画に伴う増加運転資金の算出

設備投資計画に伴う新規事業の売上高は400百万円を見込んでいるので、39期の所要運転資金回転期間にあてはめると、下記算式の通り38百万円の増加運転資金の発生が予想される。

（400百万円÷12カ月）×1.14カ月＝38百万円

C社は設備資金調達と同時に、今回の設備投資に伴う増加運転資金38百万円の調達を別途検討しなければならない。

⟨7⟩ 40期全社ベース利益計画及び貸借対照表(予想)の妥当性

（1）40期利益計画（全社ベース）

設備投資後の40期利益計画（全社ベース）は後述の全社逐年度利益計画の39期の計数資料により作成した（図表4－(9)参照）。

40期計画において経常利益は39期実績比17百万円減少の214百万円となるが、依然利益水準は高い。売上高経常利益率は39期実績比0.6％減少の3.4％となるが、設備投資実施後にもかかわらず一定水準の利幅を確保できている。

以上から、40期の利益計画は概ね、無難に推移する見通しである。

図表4-(9) 設備投資後40期利益計画（全社ベース）

（単位：百万円）

項　目	39期実績	40期計画 既存事業計画(1)	設備投資計画(2)	合計〔(1)+(2)〕
売上高	5,768	5,826	400	6,226
変動費	2,793	2,820	280	3,100
（変動費比率）	(48.4％)	(48.4％)	(70.0％)	(49.8％)
限界利益	2,975	3,006	120	3,126
（限界利益率）	(51.6％)	(51.6％)	(30.0％)	(50.2％)
固定費	2,744	2,838	74	2,912
減価償却費	98	98	33	131
支払利息	28	28	15	43
その他固定費	2,618	2,712	26	2,738
利払後営業利益	231	168	46	214
営業外損益	—	—	—	—
経常利益	231	168	46	214
税引前当期純利益	238	168	46	214
法人税等	112	75	21	96
当期純利益	126	93	25	118

（注）配当金　39期77百万円、40期以降0
※設備投資計画に伴う新規事業の人件費は既存事業計画にて計上（183～184、196～197頁参照）。

(2) 40期予想貸借対照表

40期利益計画及び下記の資料から40期予想貸借対照表を作成すると、図表4-(10)のようになる。

① 40期増加運転資金予想

イ．既存事業の増加運転資金予想

月商は既存事業利益計画40期売上高（計画）による。

回転期間は39期（実績）と同一とする。

（単位：百万円、月）

	39期（実績） 残高	回転期間	月商	40期（予想） 残高	回転期間	月商	既存事業残高増減
売上債権	931	1.94	481	943	1.94	486	12
受取手形	329	0.69	481	335	0.69	486	6
売掛金	602	1.25	481	608	1.25	486	6
棚卸資産	189	0.39	481	190	0.39	486	1
買入債務	573	1.19	481	578	1.19	486	5
支払手形	224	0.47	481	228	0.47	486	4
買掛金	349	0.72	481	350	0.72	486	1
所要運転資金	547	1.14	481	555	1.14	486	8

ロ．新規事業の増加運転資金予想

月商は新規事業利益計画40期売上高(月商)による。

回転期間は39期(実績)と同一とする。

(単位：百万円、月)

	39期（実績）			40期（予想）			既存+新規残高増減
	残高	回転期間	月商	残高	回転期間	月商	
売上債権				64	1.94	33	76
受取手形				23	0.69	33	29
売掛金				41	1.25	33	47
棚卸資産				13	0.39	33	14
買入債務				39	1.19	33	44
支払手形				15	0.47	33	19
買掛金				24	0.72	33	25
新規事業増加運転資金				38	1.14	33	46

ハ．既存事業、新規事業合算の増加運転資金予想

増加運転資金（39期〜40期） (単位：百万円)

運用面		調達面	
受取手形増減	29	支払手形増減	19
売掛金増減	47	買掛金増減	25
棚卸資産増減	14		
計(A)	90	計(B)	44

増加運転資金＝(A)－(B) 46百万円

増加運転資金発生額46百万円に対し、40期予想貸借対照表（図表4－(10)）では短期借入金が71百万円増加する見込みである。現在までのところ増加運転資金の借入要請はないものの、申込みがあれば新規設備の状況、投資効果の見込等を再確認したうえで別途検討することになろう。

② 利益修正項目

減価償却費　131百万円（既存事業98百万円、新規事業33百万円）

退職給付引当金　39期比2百万円増加

③ 設備資金

新規事業設備投資額536百万円支払い。支払いと同時に有形固定資産に計上することとする。

④ 現金預金

設備投資額のうち自己資金分136百万円流出後、39期比130百万円減少。

⑤ 決算関係資金

39期剰余金配当77百万円、利益準備金積増8百万円および任意積立金積増55百万円。

⑥ 短期借入金

39期比71百万円増加。

⑦ 長期借入金

設備投資に伴う長期借入金400百万円増加（既存長期借入金返済154百万円。本件新規設備資金借入金返済29百万円（半年分））。

⑧ 上記記載以外は39期と変動なし

図表4－(10)　40期予想貸借対照表　　　　　　　　　（単位：百万円）

資産	39期(実績)	40期(予想)	負債・純資産	39期(実績)	40期(予想)
流動資産	1,783	1,743	流動負債	1,000	1,105
現金預金	616	486	支払手形	224	243
受取手形	329	358	買掛金	349	374
売掛金	602	649	短期借入金	207	278
棚卸資産	189	203	未払法人税等	112	96
その他流動資産	56	56	その他流動負債	108	114
貸倒引当金（－）	－9	－9			
固定資産	1,064	1,469	固定負債	1,287	1,506
有形固定資産	896	1,301	長期借入金	1,228	1,445
無形固定資産	7	7	退職給付引当金	59	61
投資その他の資産	161	161	負債合計	2,287	2,611
			資本金	154	154
			資本剰余金		
			資本準備金		
			資本剰余金		
			利益剰余金	406	447
			利益準備金	16	24
			その他利益剰余金	390	423
			任意積立金	7	62
			繰越利益剰余金	383	361
			純資産合計	560	601
資産合計	2,847	3,212	負債・純資産合計	2,847	3,212

C社の設備投資を健全性の面からみると次のようなことがいえよう。

(参考) 健全性分析表

項目 \ 期	39期(実績)	40期(予想)	40期−39期
自己資本比率	19.7%	18.7%	−1.0%
流動比率	178.3%	157.7%	−20.6%
当座比率	154.7%	135.1%	−19.6%
固定比率	190.0%	244.4%	54.4%
固定長期適合率	57.6%	69.7%	12.1%

設備投資後の40期予想自己資本比率は39期比1.0％の悪化の18.7％に落ち込む。

従前より、自己資本比率は利益の内部留保強化により改善傾向にあったが、設備投資後一旦落ち込むのはやむを得ない。今後も好業績が見込まれるので回復するものと予測される。

流動比率、当座比率とも約20％程度低下するが、元々良好な水準を維持していたので短期支払能力にはさほど影響しないとみてよい。

40期予想固定比率は244.4％と対39期比54.4％の大幅悪化となった。しかし、固定長期適合率でみると対39期比12.1％悪化の69.7％となるが、健全な水準を維持しており、長期借入金の返済能力は支障ないことより問題はない。

以上から、設備投資後の健全性については大きな問題はみられず、設備投資は納得性があるといえよう。

(3) 全社長期借入金の償還年限 (平年度ベース)

図表4－(9)の40期計画を基に、既存長期借入金と本件設備借入金の償還年限を参考までに算出してみると次のようになる。

$$全社長期借入金の償還年限 = \frac{39期末長期借入金＋今回設備借入金}{税引後当期純利益＋減価償却費－社外流出}$$

$$= \frac{1,228百万円＋400百万円}{118百万円＋131百万円－0} = 6.5年$$

設備投資前の長期借入金は39期末で1,228百万円 (総資本の43.1％) あるが、対応するキャッシュフローが相対的に多いので、設備投資後の長

期借入金残高の返済年限は6.5年と比較的短くなっている。

⑧ 全社逐年度利益計画及び設備資金返済計画

全社ベースでの40期から43期の利益計画及び設備資金返済計画を次のステップで明らかにする。

(1) 既存事業の利益計画の策定
(2) 設備投資後の新規事業の利益計画の策定
(3) 全社ベースの利益計画の策定
(4) 設備資金返済計画表の策定

(1) 既存事業の利益計画

40期以降の既存事業の利益計画を下記のように設定した(図表4－(11)参照)。

① 「売上高」は今後も僅少な伸びしか期待できず、厳しい状況が続くと考えられる。40期、41期の売上高は対前年比1％の増加、42期、43期は2％の増加とする

② 「変動費比率」は39期(実績)と同一で算出する

③ 「人件費」上昇率は定昇分2％とする。人員は退職者数程度は新規採用し、実質増減なし

④ 「その他工場経費」は卸売物価または消費者物価予想上昇、下落率程度を織り込む。40期、41期は対前年比▲0.5％、42期、43期は対前年比±0％と予想する

⑤ 「その他販売費」は売上高増加策強化のため、41期以降毎年対前年比1％程度の上昇を見込む

⑥ 受取利息は40期以降も毎期2百万円とする

⑦ 「その他費用」は39期の▲68百万円のうち60百万円は特殊要因によるもので、40期以降は▲8百万円の発生とする

図表4－(11)　既存事業利益計画

(単位：百万円)

項目		実績 39期	計画 40期	計画 41期	計画 42期	計画 43期
売上高　　　　　　　(イ)		5,768	5,826	5,884	6,002	6,122
変動費	原材料費	1,389				
	外注費	1,271				
	荷造運送費	140				
	動力費	44				
	期首・期末在庫の差	－51				
	変動費合計　(ロ)	2,793	2,820	2,848	2,905	2,963
	変動費比率 (ロ)÷(イ)×100	48.4%	48.4%	48.4%	48.4%	48.4%
限界利益(イ)－(ロ)　(ハ)		2,975	3,006	3,036	3,097	3,159
限界利益率　　　　　(ニ) (ハ)÷(イ)×100		51.6%	51.6%	51.6%	51.6%	51.6%
固定費	人件費　　　(ホ)	1,421	1,449	1,478	1,508	1,538
	減価償却費	98	98	98	98	98
	その他工場経費　(ヘ)	441	439	437	437	437
	その他販売費　(ト)	826	834	842	850	859
	純金融費用　(チ)	26	26	26	26	26
	その他費用	－68	－8	－8	－8	－8
	固定費合計　(リ)	2,744	2,838	2,873	2,911	2,950
	固定費比率 (リ)÷(イ)×100	47.6%	48.7%	48.8%	48.5%	48.2%
経常利益 (イ)－(ロ)－(リ)		231	168	163	186	209
損益分岐点売上高 (リ)÷(ニ)　　　　(ヌ)		5,318	5,500	5,568	5,641	5,717
損益分岐点比率 (ヌ)÷(イ)×100　(ル)		92.2%	94.4%	94.6%	94.0%	93.4%

　40期以降の既存事業の推移については、電気機器業界の販売環境に不透明感が強く、Ｃ社の売上高計画も慎重に見積り、固めの売上高増加の計画を策定した。

　一方、固定費は人件費や販売費の増加、特殊要因の解消等により漸増

図表4－(12)　新規事業利益計画

(単位：百万円)

項目＼期	40期	41期	42期	43期
売上高	400	420	454	500
変動費	280	294	318	350
限界利益	120	126	136	150
固定費	74	75	76	77
減価償却費	33	33	33	33
支払利息	15	15	15	15
その他固定費	26	27	28	29
利払後営業利益	46	51	60	73
営業外損益	—	—	—	—
経常利益	46	51	60	73
特別利益	—	—	—	—
特別損失	—	—	—	—
税引前当期純利益	46	51	60	73
法人税等	21	23	27	33
当期純利益	25	28	33	40

傾向となる。よって、経常利益は減少となる。しかし、42期、43期は経常利益も回復見込みとなるが、39期実績には及ばない。一定水準の利益は確保できるものの、厳しい業況推移となりそう。

(2) 設備投資後新規事業の利益計画

41期以降の新規事業の利益計画を下記のように設定した(図表4－(12)参照)。

① 売上高　41期　対前年比5％増加、42期　対前年比8％増加、
　　　　　43期　対前年比10％増加
② 変動費比率は40期と同一の70.0％で算出する
③ 人件費は既存事業にて算出しているのでここでは含めない
④ 「その他固定費」は販売宣伝費等の増加が見込まれるので、毎年4％程度の増加を見込む
⑤ その他は修正後設備投資の収支計画に基づく

新規事業の利益計画はＩ.Ｔ.Ｓの進展により、今後需要拡大が見込まれる成長期待分野である。しかし、当社は新規参入したばかりであり、

ここ2年間は業界の成長率より低めの売上高を策定した。慎重に見積って43期売上高は500百万円、経常利益は73百万円とした。

(3) 全社ベース利益計画

既存事業と新規事業の利益計画（図表4－(11)、図表4－(12)）を合算し、全社ベースの利益計画を策定すると、図表4－(13)のようになる。

全社ベースでの利益計画では、設備投資後の40期、41期は新規事業の立ち上げにより売上高は増加するも減価償却費や支払利息等の増加による固定費増により経常利益は減少する。つまり増収減益基調となることが予想される。

42期、43期になると新規事業も軌道に乗りはじめ、経常利益は回復し、増収増益パターンとなる見込みである。

図表4－(13) 全社ベース利益計画

（単位：百万円）

期 項目	39期 （実績）	40期 （計画）	41期 （計画）	42期 （計画）	43期 （計画）
売上高	5,768	6,226	6,304	6,456	6,622
変動費	2,793	3,100	3,142	3,223	3,313
（変動費比率）	(48.4%)	(49.8%)	(49.8%)	(49.9%)	(50.0%)
限界利益	2,975	3,126	3,162	3,233	3,309
（限界利益率）	(51.6%)	(50.2%)	(50.2%)	(50.1%)	(50.0%)
固定費	2,744	2,912	2,948	2,987	3,027
減価償却費	98	131	131	131	131
純金利費用	26	※41	41	41	41
その他固定費	2,620	2,740	2,776	2,815	2,855
利払後営業利益	231	214	214	246	282
営業外損益	―	―	―	―	―
経常利益	231	214	214	246	282
税引前純利益	238	214	214	246	282
法人税等	112	96	96	111	127
当期純利益	126	118	118	135	155

※純金利費用＝39期(実績)純金利費用26＋新規事業利益計画支払利息15＝41
　以下同様。

(4) 返済能力の検討

設備資金の返済資源は、償却引当前当期純利益から社外流出（税金、配当金）を差し引いた残額で、分割返済するのが一般的である。その他

の返済資源として、増資、社債発行、資産売却による代り金などがあるが、これらは臨時的なものであるので、ここでは除外して考える。返済資源を式で表すと次のようになる。

返済資源＝税引前当期純利益＋減価償却費＋留保性引当金純増分※
　　　　－決算流出（税金＋配当金）

※留保性引当金純増分は貸倒引当金、退職給付引当金、その他利益留保性のある引当金の純増分のことであり、未払法人税等や賞与引当金など次期に必ず流出するものは含めない。

図表4－(14)　設備資金返済計画表

（単位：百万円、（　）内は％）

項目	決算期	38期(実績)	39期(実績)	40期(計画)	41期(計画)	42期(計画)	43期(計画)
	売上高（対前年比伸率）	5,390(-7.8)	5,768(7.0)	6,226(7.9)	6,304(1.3)	6,456(2.4)	6,622(2.6)
償却引当前利益	税引前当期純利益(ア)	126	238	214	214	246	282
	減価償却費　(イ)	105	98	131	131	131	131
	留保性引当金純増分(ウ)	0	5	2	2	2	2
	小計(ア)+(イ)+(ウ)①	231	341	347	347	379	415
決算流出	税　金　(エ)	63	112	96	96	111	127
	配当金　(オ)	0	77	0	0	0	0
	小計(エ)+(オ)　②	63	189	96	96	111	127
返済資源(①-②)　③		168	152	251	251	268	288
長期借入金調達(本件以外)		300	110				
本件設備入金調達				400			
既存長期借入金返済　(カ)		132	159	154	162	164	164
本件設備借入金返済　(キ)		―	―	29	58	58	58
差引過不足(③-(カ)-(キ))		36	-7	68	31	46	66

図表4-(14)は設備資金を長期借入金で調達した場合の返済計画表である。この表で、最下欄の「差引過不足」が全てプラスであれば、返済能力に問題がないと考えられる。大部分がマイナスの場合は、返済能力不足で返済計画表の見直しが必要となる。ある期がマイナスで、ある期がプラスでも、通期でみれば差引過不足がプラスであれば、全体として返済計画は問題ないと考えてよい。

　C社の場合は39期に若干のマイナスとなったものの一時的であり、40

期以降は毎期プラスを確保できる見込みであることから、本件設備資金の返済は十分可能と認められる。

⑨ 保全性の検討

　一般的に、設備資金の融資をする場合には、当該新規設備物件を担保として徴求するのが原則である。しかしながら、今回のように新規設備物件が、土地、建物のみでなく機械装置や什器備品がある場合は、一般に工場財団を組成する必要がある。工場財団を組成しない場合は、設備資金の融資で担保不足が生じることになる。その場合は別件不動産等を徴求する必要がある。

　Ｃ社の場合は、当初銀行に土地、建物のみを担保に提供することを申し出たが、これでは担保不足なので、社長個人所有の土地、建物を担保に差し入れることを銀行側から要請した。社長も本件設備投資には並々ならぬ意欲を示していたので、最終的には個人所有担保の差し入れを応諾した。これにより250百万円の設備融資はフルカバーとなった（図表4－(8)参照）。

⑩ 分担率の検討

　設備投資借入金250百万円の申出に応じた場合、今回融資の当行分担率は62.5％となり、前期末融資シェア54.9％を若干上回る。しかし、40期末の融資シェアでは返済が進捗し、融資シェアは前期末比2.3％上昇の57.2％にとどまることになる。主力行としては、この程度の上昇分はやむを得ないと考える（図表4－(8)参照）。

⑪ 企業の資質と将来性評価

　当行はＣ社の主力行として、永年良好な取引関係を維持しており、Ｃ社に関する多くの情報を入手しているが、今般の大型設備投資案件の採り上げに際し、Ｃ社の企業資質と将来性の評価を行った。

(1) 経営ビジョン

> 二次産業の殻を破った発想で
> 独自の製品を提供することにより
> 生産性と快適性の向上を目指す分野において
> 顧客を満足させる提案型企業になる

(2) 内部・外部環境分析

① 内部環境分析

項　目	強　み	弱　み
財務力	・売上高総利益率は高く、製品に競争力がある ・利益の内部留保により、資金繰りは問題ない	・自己資本比率は未だ脆弱 ・損益分岐点比率は高く、合理化、効率化の余地がある ・最近、売上高伸び悩み
技術力 開発力	・高付加価値製品の開発力あり	・技術力、開発力に対する価格表現力が弱い ・情報化投資不十分
販売力	・営業マンのスカウトにより新分野進出	・営業体制が弱い ・企画、提案力不足
人的資源力	・チームワークがよく真面目に働く ・開発力の高い社員が存在する	・中間管理者の人材不足 ・労働生産性がやや低い

② 外部環境分析

項　目	機　会	脅　威
市　場	・大手電機メーカー、自動車メーカーの市場拡大による受注機会 ・大手電機メーカー、自動車メーカーの新製品開発	・IT不況等による受注激減 ・同業他社の値下げ圧力 ・中国製品の品質向上と価格競争力
顧　客	・当社製品に対する信頼性が高い ・品質、短納期に対応できる ・高性能製品の安定供給	・顧客の海外進出 ・顧客の技術革新による部品点数の減少

(3) 経営戦略

項　目	経営戦略具体化
1．マーケティング	①自動車関連機器業界への進出による売上増大 　・I.T.S事業の関連機器部品の供給 ②営業体制の整備・確立 　・新分野開拓のための営業マン増強 　・提案型営業の展開
2．財務	①内部留保、増資によるさらなる自己資本の充実 ②高収益体質への変容 　・労働生産性の向上（少数精鋭） 　・ローコスト化の推進（生産面の合理化、効率化） 　・人件費の変動費化（業績連動）
3．人材	①人材確保（技術、営業等） 　・人材スカウト ②人材育成 　・情報化、ソフト化に対応する技術スペシャリストの養成 　・自己啓発支援の強化 　・Off.J.T（職場外教育）による若手社員の教育
4．事業体制	①組織体制の確立（技術、開発部門等） ②顧客データベースの確立 ③外注管理体制の強化 　・管理体制の検討 　・マニュアル作成 　・内製化検討
5．設備資産	①社内情報ネットワーク設備の強化 　・LANシステムの活用 　・イントラネットの拡充 ②新規設備投資 　・自動車業界向け設備投資（本案件含む）
6．技術ノウハウ	①開発技術の向上 ②諸技術のデータベース化による若手社員への技術伝承 　・知識をペーパー化し、ソフトを組んで残す

(4) 事業目標

C社は6年後の45期までに以下の事業目標達成を目指す。

目標達成年度 45期	
売上高	70億円
経常利益	3.5億円
総資本経常利益率	10.0%
売上高経常利益率	5.0%
総資本回転率	2.0回
自己資本比率	22.0%
新規事業売上比率	10.0%

(5) 企業評価と将来性

以上の経営ビジョン、内部・外部環境分析、経営戦略、事業目標から主力行として企業評価と将来性に関するコメントは以下の通りである。

① 経営戦略

C社は中規模機械加工メーカーで、大手電機メーカー数社の協力工場として君臨してきた。大手電機メーカーの成長とともに当社も業容を拡大してきた経緯にある。しかし、ＩＴ不況等により電機業界の売上急減により、当社の売上高も伸び悩みはじめた。そこで同業界のみで生き残る経営戦略を大きく転換し、新市場開拓のための経営戦略を樹立した。幸いにもスカウトしてきた営業マンの働きにより新経営戦略は良好なスタートを切ったといえる。

新経営戦略は方針が明確で具体性のある行動計画が組み入れられており、従業員や外部の利害関係者にもわかりやすく、かつ過去の実績からして達成は十分可能であると思われる。

② 存立基盤と新規事業展開

C社の主力取引先は大手電機メーカー3社である。これら企業からの厳しい品質管理やコスト削減要求に応えつつ、C社は良好な収益性を維持し、今日まで業容を拡大してきた。しかし、電機メーカーといえども昨今の不況下、需要低迷の影響を受け、不透明感を漂わせている。そこで、さらなる当社基盤強化のため、新経営戦略で、自動車関連機器業界

へ新規開拓を明言し、実行へ着々と手を打っている。

　③　成長性

　電機器機業界も一部の製品を除いて成熟化産業へ移行しつつあるが、大手電機メーカは品質向上や価格戦略により、国内、海外を問わず需要拡大へ努力している。このような状況にあって、Ｃ社も営業体制の整備や技術力、開発力の向上、若手社員の育成等を精力的に行い、品質、価格競争に勝ち抜く体制を整えつつある。

　また、自動車関連産業への進出の第一歩として、Ｉ.Ｔ.Ｓ事業への進出による受注獲得は今後の新規事業展開の布石となるものである。そのため、大型設備投資を決断したことは今後のＣ社の成長性を裏づけるものとして期待が大きい。

　④　内部体制

　内部体制面では多くの課題を抱えている。収益性は良好であるが財務体質が弱い（特に自己資本）、労働生産性がやや低い、生産体制に合理化、効率化の余地がある、営業体制が十分でないなどの課題を抱えている。今後、これらの課題を改善したり、克服しなければ事業目標（６年後の45期）を達成することができないだろう。しかし、当社は社長以下従業員の仕事への取組み姿勢は十分評価でき、過去の実績からしても、これらの課題を一つずつ改善、克服し事業目標を達成することは十分可能であると思われる。

⑫　総合判断

　以上、検討を重ねた結果、本件設備投資の重要性、資金使途の妥当性、財務分析による返済可能性、保全面等、総合的に判断して積極的に支援することが主力行として必要であると判断される。

　Ｃ社は創業以来、本業一筋に邁進し、利益の大半を内部留保に努め、厳しい環境下生き延びてきた。現在でも収益性、健全性に優れた数値を維持しており、従来銀行借入金に対する返済は一度も滞ったことはない。

　一方、社長の卓越したリーダーシップにより、経営方針が下部に徹底され従業員のモラールも高いとの世評である。また、既存事業の経営環

境が徐々に厳しくなってきているので、今後の売上伸び悩みを想定して、従来多かった外注費の削減を図っている。内製化を強化することにより採算面や合理化面で改善しており、今後も一層強化する考えである。

　今回の設備投資は新規事業への進出というリスクを伴うものではあるが、当社の今後の業容拡大に必要不可欠なものであり、社長の決断を評価し、積極的に支援することが主力行としての役割であるという結論に至った。

事例5

サービス業　改装資金
－旅館Sの分析－

1 申込内容と経緯

① 借入申込の要旨

　日本の温泉旅館は、近代的な設備と豪華さ、デラックス化、利用のしやすさなどを売り物にするホテルの陰で、昨今では業容が下降気味に推移している。Ｓ旅館も最近は売上が伸び悩み、経費が漸増し、減収減益の経営状態に陥っている。従来からの堅実経営と財務体質の良さを武器に今日まで無難に経営してきたが、このままでは、将来、業況不良、赤字になることも予想される事態となっている。そこで、まだ体力のあるこの時期に旅館の改装と経営改善を進めることにした。旅館の改装は①外装の改築、②小宴会場の新設、③個室露天風呂の設備新設である。

　一方、経営改善としては経費の削減策、とりわけ漸増傾向にある人件費と、飲食材料費の削減に注力する考えである。旅館の改装資金は総工費280百万円（支払方法Ａ期250百万円、Ｂ期30百万円）、うち当行に120百万円、Ａ行に120百万円の借入を申し込み、残額40百万円は自己資金で賄う予定である。

② 申込内容と経緯

　Ｓ旅館は32年前に建築された後、多少の手直しはあったが、ほとんどそのままの状態で今日まで至っており、外観、内装ともかなり古くなっている。そのため周りのホテルと比較して見劣りがする。また最近、小規模宴会の申込みが増えているが、大宴会場が一つしかなく、顧客のニーズと合致していなくて、商売のチャンスをみすみす逃がしているケースがある。

　一方、経営状況は旧態依然の古い体質が残っており、内部管理体制も不十分である。売上が伸び悩む状況において、社長の恩情主義で、従業員の高齢化とともに人件費が増加傾向にあり、減収減益の一要因となっている。そのため、旅館の改装と経営改善を決意するに至った。その骨

子は次の通りである。①小宴会場を2カ所新設、②一部の室内に個室露天風呂を設置（58室中の15室）、③外装の一部改築、塗装などを行う。経費削減策としては、人件費、飲食材料費等の削減を行う。

　小宴会場の新設は小規模団体旅行など小規模グループの宴会を取り込むことにより、業容の拡大を図るためである。最近、大口団体旅行客は減少傾向にあり、小口団体旅行など小規模グループ旅行が増加傾向にあるなどの変化に対応するためである。

　個室露天風呂の設置は、時間とお金に余裕のある団塊世代の宿泊需要を獲得するため、「健康」「やすらぎ」をテーマに取り組み、個人富裕客の増加を目指すものである。中高年に代表されるように満足できる旅行であれば、少しぐらい高い値段であっても構わない人も少なくない。

　外装の改築は老朽化した部分を一部改築し、塗装を行い、イメージアップを図るためである。

　人件費については雇用を確保しながら、これまでのぬるま湯的体質を改め、管理体制を強化する。具体的には、高齢者従業員の常勤パートへの切り換え、従業員1人当たりの担当業務の拡大、改装による業容拡大においても人員は増やさない等を実施する。

　飲食材料費については材料の一括購入や廃棄率抑制などを行い、原価率の低減を目指す。

借入計画

1.	工事等所要資金	280百万円
2.	調達	当行120百万円、A行〔主力行〕120百万円　残額40百万円　自己資金
3.	返済原資	利益および減価償却費
4.	返済条件	4年間分割返済（3カ月毎15百万円宛返済）
5.	金利	当行所定の利率（4％）
6.	担保	なし。但し、社長の個人保証は可。

③ 会社の概要と資料の整備

(1) S旅館の概要

　S旅館は年商約840百万円、資本金180百万円、従業員59人の中規模旅館である。現社長が32年前に開業し、以後順調に推移し、当地では老舗旅館の一つである。当地は四季を通じて観光客が訪れる観光地であり、温泉地である。そのため、最近は、新しいホテルが建築され、ややそちらに押され気味である。

　当旅館社長は地元の有力者で、温泉旅館組合の会長を務めており、人脈も多彩である。家族は、社長以下、妻（56歳）、長男（33歳）、長女（27歳）で、長男は現在、家業を継ぐべくマネージャーとして活躍しており、後継者については問題ないと思われる。他の家族も従業員として家業を支えている。一方、従業員は59名（正社員37名、常勤パート22名）で、社員教育も社長自ら行うほどの力の入れようで、社員のマナーもよい。当行とは10年来の取引で準主力行である。

(2) 財務諸表とその他の資料

　① S旅館提出資料
　・貸借対照表　3期分（図表5-(1)）
　・損益計算書　3期分（図表5-(2)）
　・一般管理費・販売費内訳計画表　6期分（図表5-(3)）
　・損益計算書計画表　6期分（図表5-(4)）
　・設備資金返済計画表　6期分（図表5-(5)）

　② 当行作成資料
　・財務分析表　3期分（図表5-(6)）
　・余暇市場の推移（図表5-(7)）
　・余暇活動への参加・消費の実態（平成21年）（図表5-(8)）
　・性・年代別余暇活動参加率の特徴（平成21年）（図表5-(9)）
　・旅館売上原価率（図表5-(10)）
　・資金繰予想計画表（主要項目のみ）（図表5-(11)）
　・銀行別借入明細表、当行総与信と引当担保状況（図表5-(12)）

事例5　サービス業　改装資金

図表5－(1)　貸借対照表

取引先名：S旅館

(単位：百万円)

資産	X期	Y期	Z期	負債	X期	Y期	Z期
流動資産	191	174	194	流動負債	290	261	276
現金預金	103	100	101	支払手形	2	2	1
受取手形				買掛金	24	28	31
売掛金	26	25	29	短期借入金	180	180	192
				未払金	5	2	6
棚卸資産	16	16	17	未払費用	16	3	1
前払費用	18	17	16	前受金	10	5	6
未収入金	10	7	11	賞与引当金	22	23	23
その他の流動資産	19	10	21	未払法人税等	25	18	16
貸倒引当金（－）	−1	−1	−1	その他	6	0	0
固定資産	1,454	1,436	1,476	固定負債	347	329	364
有形固定資産	1,336	1,320	1,362	長期借入金	278	258	292
建物	764	748	791	退職給付引当金	69	71	72
構築物	16	16	14	負債合計	637	590	640
車輌運搬具	5	5	5	資本金	180	180	180
工具器具備品	4	4	4	資本剰余金			
土地	534	534	534	資本準備金			
その他	13	13	14	その他の資本剰余金			
無形固定資産	44	42	40	利益剰余金	828	840	850
その他	44	42	40	利益準備金	18	18	18
投資その他の資産	74	74	74	別途積立金	762	780	798
投資有価証券	74	74	74	繰越利益剰余金	48	42	34
繰延資産				純資産合計	1,008	1,020	1,030
資産合計	1,645	1,610	1,670	負債・純資産合計	1,645	1,610	1,670

図表5-(2) 損益計算書

取引先名:S旅館

(単位:百万円)

項目	X期	Y期	Z期
売上高	847	821	820
売上原価	263	250	251
売上総利益	584	571	569
販売費及び一般管理費	514	518	523
営業経費	152	145	149
人件費	217	229	239
減価償却費	55	54	53
管理費	90	90	82
営業利益	70	53	46
営業外収益	7	6	6
受取利息・配当金	5	5	5
その他	2	1	1
営業外費用	16	15	18
支払利息・割引料	14	13	17
その他	2	2	1
経常利益	61	44	34
特別利益	0	0	0
特別損失	2	0	0
その他	2	0	0
税引前当期純利益	59	44	34
法人税等	25	18	16
当期純利益	34	26	18

項目	X期	Y期	Z期
配当金の支払い	14	8	4
別途積立金の積立	18	18	12

売上原価は料理材料費、飲料仕入、売店仕入等

	X期	Y期	Z期
固定資産減価償却費	55	54	52
有形固定資産減価償却費	53	52	50
無形固定資産減価償却費	2	2	2

事例5　サービス業　改装資金

図表5－(3)　一般管理費・販売費内訳計画表

(単位：百万円)

	Z期 (実績)	A期 (計画)	B期 (計画)	C期 (計画)	D期 (計画)	E期 (計画)
人件費	239	236	230	230	235	235
管理費	82	79	79	79	79	79
営業経費	149	150	160	170	170	170
小計	470	465	469	479	484	484
減価償却費	53	55	61	61	61	61
合計	523	520	530	540	545	545

図表5－(4)　損益計算書計画表

(単位：百万円)

	Z期 (実績)	A期 (計画)	B期 (計画)	C期 (計画)	D期 (計画)	E期 (計画)
売上高	820	800	880	960	960	960
売上原価	251	240	255	278	278	278
売上総利益	569	560	625	682	682	682
一般管理費・販売費	523	520	530	540	545	545
営業利益	46	40	95	142	137	137
営業外収益	6	6	6	6	6	6
営業外費用	18	24	26	20	16	11
(うち支払利息)	(17)	(23)	(24)	(19)	(15)	(10)
税引前当期純利益	34	22	75	128	127	132
法人税等	16	9	30	51	51	53
税引後当期純利益	18	13	45	77	76	79

図表5－(5)　設備資金返済計画表

(単位：百万円)

項目	決算期	Z期 (実績)	A期 (計画)	B期 (計画)	C期 (計画)	D期 (計画)	E期 (計画)
	売上高	820	800	880	960	960	960
償却前引当前利益	税引前当期純利益(ア)	34	22	75	128	127	132
	減価償却費 (イ)	53	55	61	61	61	61
	小計 (ア) + (イ) ①	87	77	136	189	188	193
社外流出	税金 (ウ)	16	9	30	51	51	53
	配当金 (エ)	4	0	0	0	4	4
	小計 (ウ) + (エ) ②	20	9	30	51	55	57
返済資源 (①-②) ③		67	68	106	138	133	136
既存長期借入金返済 (オ)		52	58	58	58	58	60
本件設備借入金返済 (カ)		—	—	60	60	60	60
差引過不足 (③-(オ)-(カ))		15	10	－12	20	15	16

213

図表5-(6)　財務分析表

1. 収益性
(単位:％、回)

項目等　　　　　　期	X期	Y期	Z期	同業種平均
総資本経常利益率	3.7	2.7	2.0	2.1
売上高経常利益率	7.2	5.4	4.1	4.0
総資本回転率	0.51	0.51	0.49	0.5
売上高総利益率	68.9	69.5	69.4	68.9
売上高営業利益率	8.3	6.5	5.6	5.4
売上高経常利益率	7.2	5.4	4.1	4.0
売上高対販管費比率	60.7	63.1	63.8	63.5
売上高対人件費比率	25.6	27.9	29.1	25.6
棚卸資産回転率	52.9	51.3	48.2	55.3
固定資産回転率	0.58	0.57	0.56	0.6
売上債権回転率	32.6	32.8	28.3	32.9

(同業種平均はZ期と対応する)

※同業種平均（黒字企業）TKC経営指標　平成Z年版（旅館、ホテル合算、売上規模5億〜10億円）
　総資本回転率、固定資産回転率のみ小数第2位まで算出

2. 安全性
(単位:％)

項目等　　　　　　期	X期	Y期	Z期	同業種平均
自己資本比率	61.3	63.4	61.7	16.4
固定比率	144.2	140.8	143.3	538.2
固定長期適合率	107.3	106.4	105.9	108.9
流動比率	65.9	66.7	70.3	61.7
当座比率	44.5	47.9	47.1	42.0
インタレスト・カバレッジ・レシオ（倍）	5.4	4.5	3.0	1.4
D／Eレシオ（倍）	0.45	0.43	0.47	──
売上債権回転期間（月）	0.37	0.37	0.43	0.4
棚卸資産回転期間（月）	0.23	0.23	0.25	0.2
買入債務回転期間（月）	0.37	0.44	0.47	0.4

(同業種平均はZ期と対応する)

3. 成長性（指数）

項目等　　　　　　期	X期	Y期	Z期
売上高	100	97	97
経常利益	100	72	56
自己資本	100	101	102
固定資産	100	99	102
総資産	100	98	102

事例5　サービス業　改装資金

図表5-(7)　余暇市場の推移

(単位：億円、％)

	18年			19年			20年		
	金額	対前年伸び率	シェア	金額	対前年伸び率	シェア	金額	対前年伸び率	シェア
スポーツ	42,440	0.3	5.7	41,650	-1.9	5.7	40,660	-2.4	5.8
趣味・創作	107,750	-2.2	14.4	106,910	-0.8	14.7	102,420	-4.2	14.7
娯楽	488,680	-8.2	65.5	474,050	-3.0	65.2	458,040	-3.4	65.9
観光・行楽	107,080	0.4	14.4	104,250	-2.6	14.3	94,400	-9.4	13.6
うち国内観光・行楽	69,160	0.7	9.3	66,530	-3.8	9.2	63,270	-4.9	9.1
うち海外旅行	10,570	8.2	1.4	10,630	0.6	1.5	6,410	-39.7	0.9
合計	745,950	-14.3	100.0	726,860	-2.6	100.0	695,520	-4.3	100.0

（資料）財団法人　日本生産性本部「レジャー白書」平成22年度版
（注）海外旅行は国内航空会社の国際線収入

図表5-(8)　余暇活動への参加・消費の実態（平成21年）

観光・行楽部門	A 参加人口(万人)	B 参加率(％)	C 年間平均活動回数(回)	D 年間平均費用(千円) 用具等	会費等	合計	E 一回当たり費用(円)	F 参加希望率(％)
(1) 遊園地	3,160	30.8	2.8	—	17.7	17.7	6,335	35.1
(2) ドライブ	6,740	65.7	10.4	—	19.4	19.4	1,867	60.8
(3) ピクニック、ハイキング、野外散歩	3,690	36.0	7.4	4.8	7.6	12.5	1,687	41.7
(4) 登山	1,230	12.0	3.6	11.0	12.5	23.6	6,543	20.2
(5) オートキャンプ	480	4.7	2.2	11.8	19.5	31.3	14,205	16.3
(6) フィールドアスレチック	360	3.5	2.9	1.7	3.6	5.3	1,844	7.5
(7) 海水浴	1,680	16.4	2.4	7.6	10.0	17.6	7,314	22.0
(8) 動物園、植物園、水族館、博物館	5,040	49.2	3.0	—	8.5	8.5	2,842	52.4
(9) 催し物、博覧会	3,070	29.9	3.4	—	9.1	9.1	2,673	37.4
(10) 帰省旅行	2,800	27.3	3.7	19.0	47.4	66.4	17,949	25.8
(11) 国内観光旅行（避暑、避寒、温泉など）	6,390	62.3	3.6	31.1	69.8	100.9	28,034	80.9
(12) 海外旅行	1,050	16.7	1.7	82.6	202.6	285.2	167,755	55.7

（資料）財団法人　日本生産性本部「レジャー白書」平成22年度版

図表5-(9)　性・年代別余暇活動参加率の特徴（平成21年）

(単位：％)

観光・行楽部門	全体 N=	男性全体	男性10代	男性20代	男性30代	男性40代	男性50代	男性60代以上	女性全体	女性10代	女性20代	女性30代	女性40代	女性50代	女性60代以上
	3,110	1512	88	192	302	221	266	443	1598	110	195	241	262	269	521
(1) 遊園地	30.8	29.1	22.7	32.8	37.4	39.8	19.5	23.5	32.4	48.2	46.2	40.2	32.1	21.9	25.9
(2) ドライブ	65.7	66.3	25.0	60.4	70.5	73.8	67.3	70.0	65.0	44.5	67.7	72.2	70.6	65.4	62.0
(3) ピクニック、ハイキング、野外散歩	36.0	34.3	17.0	19.3	27.2	34.4	32.7	49.9	37.7	29.1	27.7	33.6	38.9	36.4	45.3
(4) 登山	12.0	13.6	8.0	15.1	11.9	15.8	11.3	15.6	10.5	16.4	11.8	5.8	7.3	7.4	14.2
(5) オートキャンプ	4.7	5.5	3.4	4.7	8.3	8.1	5.6	2.9	3.9	3.6	5.1	9.1	6.1	2.6	0.8
(6) フィールドアスレチック	3.5	4.0	1.1	3.1	7.6	6.3	3.8	1.6	2.9	4.5	1.5	8.3	4.6	0.4	1.2
(7) 海水浴	16.4	18.6	14.8	21.9	27.2	26.2	13.5	11.3	14.3	19.1	21.5	25.7	17.2	7.1	7.7
(8) 動物園、植物園、水族館、博物館	49.2	44.3	22.7	34.4	48.3	47.1	40.2	51.2	53.8	44.5	61.5	63.1	50.8	45.0	54.7
(9) 催し物、博覧会	29.9	26.6	8.0	15.6	22.2	30.3	26.7	36.1	33.0	18.2	25.1	31.5	30.5	32.7	41.1
(10) 帰省旅行	27.3	24.6	19.3	30.7	33.8	23.5	21.4	19.2	29.9	19.1	36.4	44.4	37.4	27.5	20.5
(11) 国内観光旅行（避暑、避寒、温泉など）	62.3	60.2	40.9	51.0	57.6	58.4	61.3	70.0	64.2	40.0	67.7	63.9	64.1	60.6	70.1
(12) 海外旅行	16.7	15.6	10.2	14.1	14.9	12.7	13.9	20.3	17.8	5.5	22.6	11.2	14.5	21.2	21.5

（資料）財団法人　日本生産性本部「レジャー白書」平成22年度版

図表5-(10)　旅館売上原価率

(単位：％)

年度	平均	大旅館	中旅館	小旅館
平成12	26.4	26.6	26.2	23.8
13	25.4	25.4	25.4	25.4
14	25.5	26.0	25.0	22.9
15	25.2	25.4	25.1	23.9
16	25.8	26.2	25.3	23.2
17	25.2	25.7	24.7	23.2

（売上原価率）

出所　社団法人　国際観光旅館連盟「国際観光旅館営業状況等統計調査」平成18年度
　　　S旅館は中旅館に属する。

図表5-(11)　資金繰予想計画表（主要項目のみ）

(単位：百万円)

		A期(予想)	B期(予想)	C期(予想)	D期(予想)	E期(予想)
収入	売上金収入	800	880	960	960	960
	借入金	240	0	0	0	0
	合計	1,040	880	960	960	960
支出	原材料費	240	264	288	288	288
	経費	465	469	479	484	484
	設備費	250	30	0	0	0
	借入金返済	58	118	118	118	120
	（うち本件）		(60)	(60)	(60)	(60)
	支払利息	23	24	19	15	10
	配当金	4	0	0	0	4
	税金	16	9	30	51	51
	合計	1,056	914	934	956	957

事例5　サービス業　改装資金

図表5-(12)　銀行別借入明細表

		融資シェア				各行分担	
		Y期残高(百万円)	(実績)%	Z期残高(百万円)	(実績)%	申込額(百万円)	%
当行	商手	0		0			
	短期	60		60			
	長期	122		133		120	50.0
	計	182	41.6	193	39.9	120	50.0
A行	商手	0		0			
	短期	96		96			
	長期	136		146		120	50.0
	計	232	52.9	242	50.0	120	50.0
その他	商手	0					
	短期	24		36			
	長期	0		13			
	計	24	5.5	49	10.1	0	0
合計	商手	0		0			
	短期	180		192			
	長期	258		292		240	100
	計	438	100	484	100	240	100

●当行総与信と引当担保状況

（単位：百万円）

総与信		
	Y期(残高)	Z期(残高)
商手	0	0
短期	60	60
長期	122	133
合計(A)	182	193

引当担保	
種類	Z期(残高)
不動産（根）	180
合計(B)	180
Z期(B)-(A)	-13

④ 最近の国内観光・行楽、国内観光旅行の概要

最近の国内観光・行楽、国内観光旅行の概要は次の通りである。

(1) 図表5-(7)によると平成21年の国内観光・行楽の市場規模は6兆3,270億円で、余暇市場全体規模69兆5,520億円の9.1％のシェアを占める。海外旅行の市場規模6,410億円を加えると10.0％のシェアであり、国内、海外を問わず根強い需要がある。

(2) 21年度の国内観光・行楽の市場規模は不景気の影響で対前年比4.9％縮小となるも、時系列でみると、余暇市場に占めるシェアは拡大傾向にある。

(3) 図表5-(8)によると、平成21年の国内観光旅行（避暑、避寒、温泉など）の参加人数は6,390万人、年間1人が3.6回旅行し、年間平均費用は約10万円である。

1回当たりの旅行の費用は約2.8万円になる。

(4) 図表5-(9)によると、国内観光旅行には男性、女性ともに60歳代以上の参加者が多く、中高年の旅行が活発であることを示している。

事例5　サービス業　改装資金

2 与信判断

◇1◇ 検討

(1) 借入申込み内容の再確認

　S旅館からの借入申込について、融資担当者が出向き、社長と面談した。その内容は次のとおりである。

行員「先般、改装資金の借入申込ありがとうございました。温泉旅館の経営が厳しいといわれているなか、積極的に旅館を改装し、経営改善を目指すという前向きな経営方針は心強い限りです。まだ、内容等につきましては詳しく検討しているわけではありませんし、財務諸表の分析もやっておりません。前回銀行に来られ、『改装資金借入および経営改善計画』をお話いただいた件については、上司より前向きに検討するよう指示を受けている次第です。

　つきましては、本日2～3確認及び質問したいことがあり、訪問させていただきました」

社長「先日はお邪魔しました。ご無理なことは承知で借入申込させていただきました。早速、前向きに検討いただけるとのこと大変うれしく思います。何でも質問してください」

行員「最近の観光客の動向はいかがですか」

社長「最近は中高年者の観光客が多くなり、若者の観光客が減少している傾向にあるようです。また、昔のように会社ぐるみで観光に来て、大宴会場で派手に飲み喰いするようなことが少なくなり、友人関係や自治会など小さな団体客が多くなっています。そのため、土、日曜日に大挙押しかけてくるというより、ウィークデーにコンスタントに宿泊客が入るようになりました。旅館経営にとっては良いことなのですが、反面、土、日曜日に満員になるほどの賑わいはなくなりました。このことが、売上伸び悩みの一要因であると考えています」

行員「今回の計画で小宴会場の新設や露天風呂の増設などはそのため

に行うのでしょうか」
社長「そのとおりです」
行員「今回の計画に営業力強化と経費削減を言っておられましたが、その成算はいかがでしょうか」
社長「営業力強化は前回お話ししたとおり、社内からのシフトで営業マンを2人増強する計画です。当旅館にとっては初めての試みなので期待はしていますが、実際のところ未知数です。この点については、社長である私とマネージャーの息子でバックアップしますので、少し長い目でみて下さい。必ず成果を上げるよう頑張ります。

　経費削減については、人件費の問題が頭痛のタネですが、ご承知のように今回、常勤パートになる高齢従業員の退職金はこの時点では支給しません。まず、資金繰りを安定させ、借金を返済してから考えることにしています。幸いにも高齢者従業員はこのことに納得していただいているので一安心です。飲食材料費の削減は従来見逃していたところであり、今回の見直しでは金額の大きい費用項目を中心に一つずつ見直していく方針です。これは可能であると考えています」
行員「主力銀行A行は今回の件をどのようにおっしゃっていますか」
社長「ぜひ前向きに検討したいといってくれています」
行員「担保の件ですが今回は担保なしとの申し出ですが、私どもとしましては、4年間の設備資金になるので、不動産担保を提供していただければ幸いなんですが」
社長「A行からも同じことをいわれています」
行員「多分、今回の案件で課題になるのは、担保だと思われます。増築の不動産でも個人の不動産でも構いません。担保提供を考えてくださいませんか」
社長「借入返済には自信を持っているので、無担保でお願いしたいと考えていますが」
行員「返済については何ら心配しておりません。私どもとしましては設備資金に対しては不動産あるいはこれに準ずる担保を徴求することを原則にしていますので、ぜひご協力願います」

事例5　サービス業　改装資金

社長　「担保の件は主力行とも相談して、後日連絡させていただきます。もう少し検討させてください」

行員　「了解しました。よい返事を期待しております」

　行員は担保の件のみペンディングとして、S旅館を後にした。

(2) 財務分析からの検討

① 収益性

　減収、大幅減益。売上高はX期847百万円に対しZ期は820百万円と27百万円の減収（3.2％の減収）、経常利益はX期61百万円に対しZ期は34百万円と27百万円の大幅減益（44.3％の減益）となった（図表5-(2)）。

　収益性の総合指標である総資本経常利益率はX期3.7％と温泉旅館業としては比較的良好であったが、Z期では2.0％に低下、同業種平均（黒字企業、旅館、ホテル合算）並みに落ち込んだ（図表5-(6)）。

　原因を利幅面（売上高経常利益率）と回転面（総資本回転率）に分けてみると、まず売上高経常利益率はX期7.2％と良好な水準であったが、Z期は4.1％とX期比3.1％の大幅低下になった。一方、総資本回転率は3カ年平均0.50回と同業種平均並で、時系列的にはほぼ不変であったことから、売上高経常利益率の悪化の主因は利幅面にあったと判定される。

　よって利幅面をさらに分析してみると、売上高総利益率ではX期68.9％、Z期69.4％とこの間0.5％改善した。これは図表5-(6)の同業種平均68.9％とほぼ同水準だが、図表5-(10)の中旅館平均75.3％（原価率24.7％）比では劣っており、S旅館の原価率はまだ改善余地がある。売上高営業利益率では、X期8.3％からZ期5.6％と2.7％悪化しており、その要因は主に売上高の伸び悩みと人件費の漸増傾向による売上高人件費比率の上昇である（X期25.6％、Z期29.1％と3.5％悪化）。

② 安全性

　安全性は同業種平均に比べて概ね良好。特に自己資本比率は3カ年平均62.1％と同業種平均に比べて圧倒的に優勢である。そのため、他の安全性指標に良好な影響を与えている。

　固定比率は3カ年平均で142.8％と100％を超えているが、同業種平均538.2％と比べると良好といえる。固定長期適合率は3カ年平均106.5％

と100％を若干上回るが、同業種平均並みである。

流動比率は３カ年平均67.6％、当座比率は３カ年平均46.5％と極めて低いが、同業種平均並みである。業種柄、現金回収率が高いこと、手許資金が1.5カ月程度はあることから、現状、支払面の不安はない。

借入金等の利息支払能力をみるインタレスト・カバレッジ・レシオは、Ｘ期は5.4倍と良好であり、その後は低下傾向にあるも、Ｚ期で３倍あり、利払能力は十分ある。

有利子負債（借金）と自己資本の割合をみるD/Eレシオは３年間0.5倍以下であり、自己資本に比べて借入金が少なく良好な水準である。

③ 成長性

最近３カ年間の指数の推移をみると、売上高はＸ期を100とするとＺ期は97となりやや減少、経常利益はＸ期を100とするとＺ期は56となり半減。自己資本、固定資産、総資産は全て伸び悩みと問題含みである。

【まとめ】
　以上から、収益性は売上の伸び悩みと人件費を主因に低下傾向にあり、成長性は設備の老朽化により顧客吸引力の低下がみられ利益が減少するなど、問題である。一方、安全性は良好で問題はない。同社の改装と経営改善は財務分析面からみても、体力のある現時点は絶好のタイミングであると考えられる。

(3) 増改築計画の検討

① 投資の妥当性

今回の設備投資の目的は、老朽化に伴い、増改築を行ってイメージアップを図り、小宴会場の新設により、今まで逃がしていた収益チャンスを確保し、売上高増加を目指す。また、個室露天風呂の設置により、富裕層の取り込みをねらう。

旧旅館のときは宴会場が少なかったため、宴会の申出があっても断るケースがあり、収益チャンスを逃がしていたことから、とりあえず今回の改築で大宴会場を１室、小宴会場を２室にする予定であり、このことは売上増につながると思われる。また、個室露天風呂は富裕客の増加に

より客単価の上昇が見込まれる。したがって、今回の設備投資計画は、業界動向等から判断すると妥当と思われる。

次に立地環境との関連で検討してみると、S旅館は観光地の中央にあるN駅から徒歩5分というところにあり、立地条件に恵まれているが、最近はS旅館の建物が古いため、新しいホテルに宿泊客を奪われているのが現状である。したがって、今回の設備投資計画は、立地条件から判断しても、妥当と思われる。

② 設備規模

設備規模が過大であるか否かを、次の3点から判断する。

ア．設備投資額が適切か

Z期の建物、構築物合計805百万円に対し、280百万円の投資は34.8%になる。また総資産1,670百万円に対し約16.8%を占める。設備投資額としてはやや大きいが旅館の質的向上を図る内容である点は評価できる（図表5-(1)）。また、Z期のインタレスト・カバレッジ・レシオは3.0倍あり、設備投資前で十分利払い能力がある。さらに、Z期のD/E（デットエクイティ）レシオは0.47倍であり、設備資金の借入余力は十分あるとみられる（図表5-(6)）。

イ．設備投資後の効率

設備投資後の効率を総資本回転率で判断する。当社の設備投資後C期（計画）の総資本回転率を試算すると概ね次のようになる（図表5-(4)）。

$$\frac{売上高\quad 960百万円}{総資産\quad 1,929百万円} = 0.50回$$

総資産はZ期の総資産1,670百万円に今回の設備投資額を加算し、A期（計画）、B期（計画）、C期（計画）の減価償却費を減算し、A期（計画）、B期（計画）、C期（計画）の税引後当期純利益を加算し、概算として1,929百万円とした。

総資本回転率の同規模旅館、ホテルの平均0.5回はS旅館の過去3年間の平均総資本回転率0.50回と同水準であり、この売上高がキープできれば問題ない（図表5-(6)）。

ウ．設備投資後の販売能力

これについては次の3点から検討する。
- (a) 業界動向からみてどうか

    国内・海外を問わず旅行に対する潜在需要は強く、旅館、ホテル利用の多様化もさらに進むことなどから、当旅館の需要は引続き堅調に推移するとみられる（図表5−(7)、(8)、(9)）。

- (b) S旅館の営業力の強化

    従来、S旅館は社長とマネージャーである長男が営業を兼任という形で運営していたため、正式な営業担当というものを設けていなかった。今回内部より2名を営業担当にシフトして営業力強化をはかる予定である。

    従来、旅行業者からの受注に多くを依存していたが、今般の営業担当の増強により、インターネット経由でHP予約、Eメール予約を強化する。さらに、外国人利用客を増やすため、旅行業者とのコンタクトを緊密化する。外国人受け入れ体制も充実させる。

    以上のような施策により営業力を強化できる。

- (c) 立地条件からみてどうか

    S旅館の立地条件は、四季を通じて観光客が訪れる観光地であること、また、S旅館はN駅から徒歩5分と交通の便がよいこと等、大変恵まれている。

【まとめ】

　以上より勘案すると、設備投資規模としてはやや大きいが、十分支援可能と思われる。

---

(4) 売上利益計画の検討

売上予想の適否がポイントになる。S旅館提出の収支計画でまずチェックしなければならないのは、図表5−(4)のC期（計画）売上高960百万円の妥当性である。先方の説明によれば、

① 小宴会場の新設による売上増加
② イメージアップによる顧客吸引力の増加
③ 団塊世代の富裕層の取り込み

により960百万円は達成可能ということである。

室料の平均単価11,000円、飲食費の平均単価5,500円、宴会の平均単価8,000円、宿泊定員230人、宿泊の稼働率65％、宴会の稼働率は宿泊の30％として設備投資後の年間売上高を計算すると、次のようになる。

室料　＝11,000円×230人×65％×365日＝600百万円

飲食費＝5,500円×230人×65％×70％×365日＝210百万円

宴会費＝8,000円×230人×65％×30％×365日＝130百万円

その他＝20百万円
　　　　　　　　　　　　　　　　
　　合計：960百万円

ただし、A期では2カ月間工事のため休業となるので、売上は960百万円÷12×10＝800百万円とする。B期もやや慎重に見積り、売上高880百万円とする。C期以降は上記の算式の売上高の960百万円を計上する。

次に原価率については、過去3期間平均が30.7％と高く、これを同業種、同規模旅館平均の24.7％まで一気に引き下げることは困難としながらも、食材の地元産比率アップ、歩留り向上、一括購入の増強等により、改装設備が本格稼働するB期以降は29％以下まで引き下げるとしており、実現は十分可能とみてよい。

以上から損益計算書計画表の売上高、売上総利益は概ね妥当である。

設備資金の長期借入金による調達割合が高ければ高いほど、その金利負担は重くなり、採算性は低下するとともに、その返済負担も重くなり、企業の資金繰りは悪化する。このようなことから、設備資金計画について検討すべき最も重要な点は、企業の設備資金借入の返済能力である。設備資金はその設備稼働によって生ずる利益をもって償還するのがたてまえであり、この償還原資の検討が重要である。

これを損益分岐点の考え方を使って以下で検証してみる。

設備投資をすると、固定費（減価償却費や設備資金を借入調達した場合の支払利息など）が増加することから、必要とする利益の額も増えることになる。設備投資前の固定費をF、設備投資前の利益をP^1、設備投資によって増加する固定費をf、また、設備投資後の所要利益の増加額

をP^2で表すと、変動費が変わらないとすれば、設備投資後に必要とする利益を上げるための売上高X^1は、次の式で表すことができる。

$$X^1 = \frac{F+f+P^1+P^2}{1-変動費率}$$

設備投資前では、必要とする利益P^1を上げるための売上高Xは、次のように表される

$$X = \frac{F+P^1}{1-変動費率}$$

したがって、設備投資によって、必要とする利益P^2を上げるための売上高は、次のように増加する。

必要とする利益を上げるための売上高の増加額 $= X^1 - X$

$$= \frac{F+f+P^1+P^2}{1-変動費率} - \frac{F+P^1}{1-変動費率} = \frac{f+P^2}{1-変動費率}$$

これを、本件に適用すると、280百万円の資本を投下して改築を行うと、固定費は減価償却費　年8百万円（耐用年数35年、定額法とする）、金利負担増加額9.6百万円（長期借入金240百万円、金利年4％）、合計17.6百万円の増加となる。また、4年間で改装資金の借入金を完済するために、年間の利益が25百万円ほど増加しなければならないと仮定すると、必要な年間の売上高増加額は以下のようになる（変動費率は売上原価率30％を適用する）。

$$必要な年間売上高増加額 = \frac{固定費 + 目標利益}{1-変動費率}$$

$$= \frac{17.6百万円 + 25百万円}{1-0.3} \fallingdotseq 61百万円$$

よって、Z期の売上高が820百万円であるから、A期以降の売上高は、820百万円＋61百万円＝881百万円あれば返済可能ということになる。以上の損益分岐点分析からも売上高計画は概ね妥当であるといえる。

(5) 経費削減策の検討

　図表5-(4)の損益計算書計画表と図表5-(3)の一般管理費・販売費内訳計画表と社長からの計画に関して聴取したことから、経費削減策を検討してみる。

　人件費は、雇用を確保するという前提で高齢者従業員（60歳以上）を常勤パートへ切り換える（対象者8名）。切り換え時は特別手当金は支給するが、退職金はこの時点では支給しないことで概ね従業員との間で合意に達している（社長談）。さらに、従業員1人当たりの担当業務を拡大すると同時に営業活動の強化を図るため、事務担当2名の従業員を営業専任担当者にシフトする。また、改装による業容拡大においても当面は人員を増やさない方針である。以上の施策により、Z期29.1％であった売上高人件費比率をB期以降24.5％程度に引き下げる計画である。人件費削減はかなり困難を伴うことが予想されるが実現不可能な計画ではないと見る。

　管理費については、改装後は設備維持管理費が当然増加するが、水道光熱費、修繕費等の節減を進めることにより、A期以降上限79百万円に収める計画である。Z期比▲3百万円の削減であり当社全体の創意工夫次第でこれも十分達成可能な範囲内である。

　また、営業経費は、営業活動費、広告宣伝費、集客増に伴う送迎費用等が増加するほか、客用消耗品費、リネン代などの増加も織り込み上限170百万円を計画しており、概ね妥当な計画である。

　以上の結果、人件費、管理費、営業経費合計では、Z期470百万円がD期以降484百万円となり14百万円増加する。しかし、この間の増加率は3％とわずかであり、売上高比ではZ期57.3％からD期以降50.4％へ7％弱も低下することから、経費節減に対するS旅館の意気込みが伺える（図表5-(3)（小計）欄）。

(6) 資金繰りの検討

　S旅館提出資料を基に簡易資金繰予想表（主要項目のみ）を作成すると図表5-(11)の通りである。これをもとに収入／支出の比率を計算すると以下のようになる。

A期（予想）	B期（予想）	C期（予想）	D期（予想）	E期（予想）
98.5	96.3	102.8	100.4	100.3

　A期およびB期は指数が100％を下回るが、今回の設備投資効果がまだフルに寄与していない時期であることからやむをえない。C期以降は100％以上で推移できる見込みであり、通算の資金繰予想はまず問題ない。ただし、A期からB期にかけて運転資金需要が発生することが考えられるので、その際は設備投資効果の実現状況、経費削減実績等を判定しながら別途検討する。

　なお、Z期まで継続してきた配当については、今回の設備投資を実施するにあたり内部留保を厚くしておく必要があるとして、A期からC期までは無配とし、D期以降毎期4百万円とする計画である。

(7) 償還能力

　まず前提として、既存長期借入金Z期末292百万円はE期末までに完済する予定となっている。また、本件の返済期限は4年、返済条件はB期からE期まで毎期60百万円である。

　この条件に沿って本件借入の償還能力を図表5−(5)で検証すると、以下のとおりである。

　A期からE期までの売上高、償却前引当前利益および社外流出は前述のとおり概ね妥当と認められる。本件の返済資源については、差引過不足欄のとおりB期は一時的に▲12百万円不足となるが、C期以降は毎期確保できる見込みである。

　なお、B期〜E期通算では返済資源余力が39百万円残ることから、多少の業績変動があったとしても本件の償還能力はまず不安ないと考えられる。

(8) 担保能力

　申込み条件は無担保。当行は当該不動産に根抵当権180百万円が設定してあるが、過去の業績や取引振りからみても銀行は無担保で融資してくれてもよいという社長の考えであり、A行へも同じ申出をしている。ただし、この点については、次のような点から総合的に判断しなければならない。

① 無担保で融資実行できる要因

　Ｓ旅館提出の損益計画は財務的には年60百万円の返済は十分可能である。また、現社長のこれまでの手堅い経営手腕からみても返済に対する大きな不安はない。

② 無担保で融資実行が困難な要因

ア．投資額が現状の借入規模からして比較的大きい。

イ．従来の取引振りは良好である。また、現社長の経営手腕は認められるにしても、本件は長期貸出案件で、４年間に完済するとのことであるが、数年後のことは不透明である。

ウ．損益計画上は問題ないが、この損益計画は旅館の稼働率を65％、宴会の稼動率をその30％という前提条件があり、それが狂うと損益計画が狂っていくという危険性がある。

エ．一方で、経費削減策を実施し、支出を抑える計画であるが、経費削減策の中には人件費に関するものが含まれており、これらの方策が計画通り進むかどうか一抹の不安がある（人件費の削減は遅延することがしばしばある）。

　なお社長の個人資産は、自宅が時価250百万円、有価証券70百万円、預金50百万円と推定される。うち預金20百万円は、当行の定期預金となっている。

　以上の点から無担保で融資実行するには問題があるといえる。

　当該物件の担保価値は、土地、建物合わせて、評価額1,800百万円、担保価値（60％）1,080百万円、先順位で当行およびＡ行に各々根抵当180百万円が設定してあるが、担保価値は十分である。よって、当該物件を担保に差入れてもらえば問題はない。あるいは、社長の自宅を担保として提供してもらっても、先順位がないため担保価値十分である。

② 総合判断

① 今後の当行の基本方針は、次のようなものである。

　当行の近隣地区には、メガ３行、地銀２行、信用金庫２庫がひしめ

いている。地銀、信金は、日常のきめ細かいサービスにより取引先と深耕をはかっており、その牙城は堅い。当行は、後発ということで取引基盤も弱く、なかなか他行庫の取引先にくい込めない状態である。本年は、新規取引先の獲得に全力を傾注し、月間5社の新規取引先を獲得していくという目標を掲げ日常業務に邁進している。その新規取引先獲得のツールの一つとして取引先からの顧客の紹介を重視していく方針である。

② そこで本件の場合は、次の2点を十分に盛込むこととした。

ア．S旅館は優良取引先、かつ地元の老舗旅館の一つで、社長の人脈はかなりのものがあり、今後の顧客紹介等メリットが期待できる。

イ．過去の取引振り・業績から見ても、返済能力にそれほど大きな懸念はない。ただし、全般的に企業の収益環境が悪化している現状および本件が長期貸出であることも考慮すると、担保は徴求する必要がある。担保徴求は、銀行融資の大前提であり、S旅館を軽んじるものではないことを十分説明する。

③ 最終的には次のような具体案をもって対処することとしたい。

ア．設備資金に対しては、当該不動産を徴求することは、銀行取引の原則であり、決してS旅館の力を過小評価しているためではないということをまず十分説明し、担保提供に社長の了解を得る。

イ．しかし、当該物件の担保提供の都合が悪ければ、社長の自宅（土地建物）を担保として提供してもらうよう交渉する。それも都合が悪ければ、S旅館の投資有価証券、定期預金を担保として提供してもらう。これだけでは今回の融資額全てをカバーできないがやむを得ない。ただしこれは最悪の場合であり、不動産担保徴求が望ましい。

ウ．社長の個人保証は徴求する。

エ．なお、取引メリットは次のようになる。

(a) 本件取上げ後、当初は預金は減るかもしれないが、その後の売上増加により、ゆくゆくは預金の歩留りも向上する。

(b) 本件取上げにより、今後社長一族の個人取引の深耕、役職員

取引の深耕、取引先の紹介等のメリットが期待できる。
（c）当行シェアは従来4割であったが、本件はシェア以上の取上げ
　　　となり、本件により主力行A行に肉迫していく。
　以上の判断により、本件は不動産担保徴求のうえ応諾するものとする。

＜編著者紹介＞
■石原　泰弘
　（前　日本フエルト(株)監査役）
　　昭和19年山形県出身。昭和41年東北大学経済学部卒業、同年日本勧業銀行入行。第一勧業銀行山形、橋本各支店長、審査第一部審査役、蒲田支店長、検査部検査役、大明(株)監査役、日本フエルト(株)監査役を歴任。

＜執筆者略歴＞
■平井　謙一
　　中小企業診断士。青山学院大学経済学部卒業。三井銀行（現三井住友銀行）、さくら総合研究所（現日本総合研究所）を経て、1998年平井財務人事研究所設立。主として人事・労務・財務・経営戦略等の企業診断を手掛ける。

融資担当者のキャリアアップのための
融資審査演習教本

平成22年7月1日　第1版発行	＜検印省略＞
1刷　平成22年7月1日	
4刷　平成25年9月13日	

　　　　　　　編著者　　石原　泰弘

　　　　　　　発行者　　星野　広友

発行所　㈱銀行研修社

東京都豊島区北大塚3丁目10番5号
電話　東京03（3949）4101（代表）
http://www.ginken.jp
振替　00120-4-8604番　〒170-8460

印刷／株式会社木元省美堂
製本／山田製本
落丁・乱丁本はおとりかえ致します
ISBN 978-4-7657-4330-3 C2033

2010 Ⓒ 銀行研修社　Printed in Japan
無断複写複製を禁じます。
★定価は表紙に表示してあります。

謹告　本書掲載記事の全部または一部の複写，複製，転記載および磁気または光記録媒体への入力等は法律でも禁じられています。これらの許諾については弊社・秘書室（TEL03-3949-4150直通）までご照会ください。